Spargel

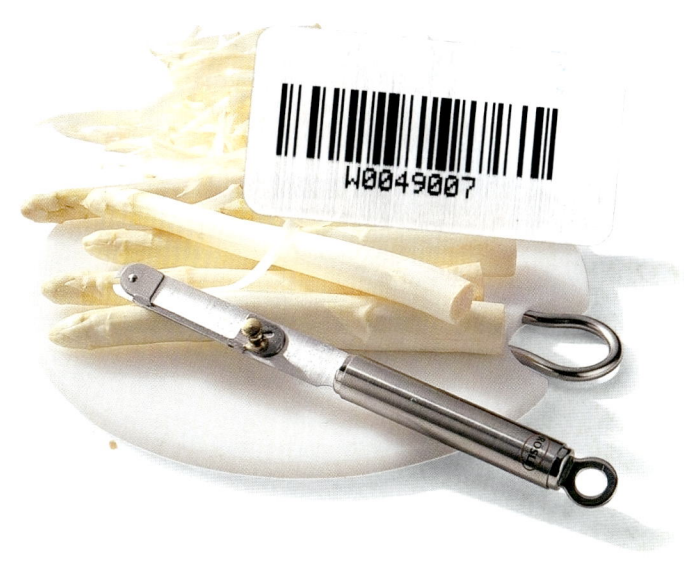

Rezept	Seite	Kalorien/Portion	Gelingt leicht	Raffiniert	Für Gäste	Gut vorzubereiten	Braucht etwas Zeit	Preiswert	Kalorienarm	Vegetarisch
Pasteten mit Spargelfüllung	6	345	●		●			●		
Spargel mit Bärlauchcreme	6	215	●	●						●
Spargelterrine	8	180		●	●		●			
Spargelcocktail	10	245	●		●	●				
Spargel-Carpaccio	10	160		●		●			●	
Spargelconsommé	12	55			●		●	●		
Gebratener Spargel	12	375	●	●	●					
Grün-weiße Spargelsuppe	14	225		●	●			●		●
Spargelcreme mit Shrimps	14	185	●		●					
Stangenspargel mit Eiervinaigrette	18	260	●					●		●
Stangenspargel mit Schinkenplatte	18	920	●	●	●					
Stangenspargel mit Sauce Hollandaise	20	370			●		●			●
Grüner Spargel mit Tomaten-Hollandaise	22	390		●			●			●
Spargel mit Sauce Maltaise	22	375		●			●			●
Spargel mit Kräutersabayon	23	215							●	●
Spargel mit Forellencreme	23	310	●		●					
Spargel-Gemüse-Ragout	24	420		●	●				●	
Grünes Spargelgemüse in Wein-Sahne-Sauce	24	215	●					●	●	●
Spargelstrudel	26	300			●			●		●
Spargel mit Kartoffelwaffeln	30	730	●	●			●			
Leipziger Allerlei	30	195		●	●	●				
Hühnerfrikassee mit Spargelspitzen	32	650			●	●	●			
Burgunder Spargel mit T-Bone-Steak	34	590		●	●					

GU Rezept

Rezept	Seite	Kalorien/Portion	Gelingt leicht	Raffiniert	Für Gäste	Gut vorzubereiten	Braucht etwas Zeit	Preiswert	Kalorienarm	Vegetarisch
Grüner Spargel und Lammkoteletts	34	865	●	●			●			
Gratinierter Spargel	36	370	●		●			●		
Spargelquiche mit Schinken	36	460	●		●		●			
Spargel und Scholle auf Basilikumsauce	38	270	●	●						
Gegrillter Spargel mit Tunfisch	38	720		●	●				●	
Spargelgemüse auf Parmesantoast	42	240	●					●		●
Kräuter-Spargel auf Räucherlachs	42	285	●			●				
Grüner Spargel im Filoteig	44	515		●			●	●		
Blattsalat mit gegrilltem Spargel	44	120		●					●	●
Spargelsuppe mit Huhn und Zitronengras	46	165	●	●		●				
Wildspargel mit Sesam-Garnelen	46	185			●				●	
Stangenspargel mit Kartoffel-Ricotta-Sauce	48	175						●		●
Tortellini mit Spargelspitzen	48	360	●					●		
Lauwarmer Spargel mit Kernöl	52	530	●		●					
Spargel-Risotto	52	390		●						●
Gebratenes Spargel-Artischocken-Gemüse	54	140		●					●	●
Spargel-Lasagne	54	575			●		●			●
Gefüllte Crêpes-Rollen	56	380		●		●	●			
Stangen-Spargel mit Rotbarschfilets	56	275			●				●	
Spargelspitzen in Morchelrahm	58	290		●	●	●				
Bündner Spargel-Nudeln	58	440	●					●		
Tortilla mit grünem Spargel	60	230		●				●		●
Glasierter Spargel mit Shiitake-Pilzen	60	120							●	●

Wegweiser

Gegen Mitte April bewegt Spargel-Fans nur noch eine Frage: Wie wird das Wetter? Frühlingshafte Temperaturen und ab und zu ein warmer Regen lässt die Schlemmer-Stangen in deutschen Landen üppig sprießen, beschert gute Qualität und moderate Preise. Kalte Tage, frostige Nächte, zuviel Regen oder Trockenheit dagegen bremsen das Wachstum und schaden der Qualität.

Weiß, violett und grün

Spargel gibt es in drei verschiedenen Farben, und die sind abhängig vom Sonnenlicht.
• Weißer Spargel wird in für ihn typischen Erdwällen kultiviert und gestochen, bevor er seinen Kopf aus der Erde steckt. Er ist makellos weiß und schmeckt besonders mild.
• Violetter Spargel wird gestochen, wenn die Köpfe die Erdoberfläche ein paar Zentimeter durchstoßen und sich durch die Lichteinwirkung gefärbt haben. Violetter Spargel schmeckt kräftiger und etwas herber als weißer.
• Grüner Spargel wächst in normalen Beeten über der Erde. Kopf und Stange färben sich durch die Lichteinwirkung durch und durch grün. Dieser Spargel hat dünnere Stangen und ist sehr zart, darum braucht man nur das untere Drittel zu schälen. Sein Geschmack ist würzig und kräftig. Grüner Spargel ist leichter zu ernten als weißer oder violetter, deshalb auch preiswerter.

Vorspeisen & Suppen

Spargelvielfalt auch als Minivariante

Hier wächst Spargel

In Deutschland gibt es zahlreiche regionale Anbaugebiete. Weißer Spargel wächst hauptsächlich in der oberrheinischen Tiefebene, in Nord- und Südbaden, am Niederrhein, in Niedersachsen, in der Südpfalz, in Bayern und rund um Berlin. So kann fast jeder von den kurzen Wegen zwischen Erzeuger und Endverbraucher profitieren und möglichst frischen Spargel kaufen. Auch grüner Spargel aus heimischem Anbau wird immer beliebter. Weil die deutsche Ernte aber nicht ausreicht, importieren wir unter anderem auch Spargel aus Griechenland, Spanien, den Niederlanden und Frankreich.

Typisches Feld für weißen oder violetten Spargel

Die Frische macht's

Beim Einkauf sollten Sie auf geschlossene Spargelköpfe, seidig glänzende Stangen und saftige Schnittflächen achten. Ein weiteres Zeichen für Frische: Spargelstangen müssen quietschen, wenn man sie aneinanderreibt. Wenn sie das tun, dann ab in den Topf mit ihnen. Vorsicht bei Spargel im Papiermanschetten – wenn diese mit Kunststoff beschichtet sind, kann sich an den Schnittstellen leicht Schimmel bilden.

Richtig schälen

Den Spargel zunächst unter fließendem Wasser waschen, denn oft sitzt noch Sand in den zarten Köpfen. Dann die Stangen immer von oben nach unten schälen. Die Spargelstange beim Schälen mit den Fingerspitzen am Kopf festhalten und auf das Handgelenk legen, damit sie nicht bricht. Bei weißem und violettem Spargel etwa 1 bis 2 cm unterhalb der Köpfe mit dem Spargelschäler ansetzen und zum Ende hin etwas dicker schälen. Bei grünem Spargel braucht nur das untere Drittel geschält zu werden. Das untere holzige Ende des Spargels abbrechen oder großzügig abschneiden. Die Stangen können Sie, zum besseren Herausheben aus dem Topf, zu je 5 bis 6 Stück mit Küchengarn zusammenbinden.

Feine Spargelbrühe

Spargelbrühe, die beim Spargelkochen entsteht, ist eine aromatische Suppen-Basis. Besonders kräftig wird sie, wenn man zuerst die gut gewaschenen Schalen und die Spargelabschnitte in Wasser 10 bis 15 Min. kocht. Die Brühe durch ein Sieb gießen und die Schalen mit einem Löffel noch etwas ausdrücken. Die Brühe erneut zum Kochen bringen und darin den geschälten Spargel mit den Gewürzen garen. Die Spargelbrühe lässt sich auch hervorragend für den Vorrat einfrieren. Übrigens: Je kräftiger die Brühe ist, desto mehr behält auch der Spargel sein Aroma.

Veredelt mit Vanille

Überraschen Sie mal mit einer außergewöhnlichen Vorspeise – einem Salat mit Vanille-Vinaigrette. Dazu 500 g gegarte Spargelstücke mit einer Hand voll Radicchioblättern, etwas Kerbel und 200 g geviertelten Erdbeeren in eine Schüssel füllen. Für die Vinaigrette 2 EL Zitronensaft mit 1 EL Orangensaft und 2 EL neutralem Pflanzenöl, Salz, Zucker, Pfeffer und etwas ausgekratztem Vanillemark verrühren. Die Vinaigrette unter die Salatzutaten heben.

Pasteten mit Spargelfüllung

● Gelingt leicht
● Preiswert

Für 4 Personen:

500 g grüner Spargel
100 g Putenbrustfilet
1 Schalotte
1 TL Butter
200 ml Fleischbrühe
50 ml trockener Weißwein
Salz
weißer Pfeffer
4 Blätterteigpasteten (fertig gekauft)
100 g Sahne
1 ganz frisches Eigelb

Zubereitungszeit: 45 Min.

Pro Portion ca.: 345 kcal
12 g EW/23 g F/20 g KH

1 Den Backofen auf 175° vorheizen. Den Spargel waschen, nur das untere Drittel schälen. Enden abschneiden. Die Spargelköpfe schräg 3 cm lang abschneiden, die Stangen in 2 cm lange Stücke schneiden.

2 Das Putenbrustfilet waschen, abtrocknen und sehr klein würfeln. Die Schalotte schälen, fein würfeln.

3 In einem flachen Topf die Butter erhitzen, Fleischwürfel und Schalotte darin kurz anbraten. Mit Brühe und Wein ablöschen, leicht salzen und pfeffern und zunächst zugedeckt 5 Min. köcheln lassen.

4 Dann den Spargel dazugeben, offen bei mittlerer Hitze in 8-10 Min. bissfest garen.

5 Blätterteigpasteten im Ofen (Mitte, Umluft 160°) nach Packungsangabe aufbacken.

6 Inzwischen Spargel und Fleisch aus dem Sud heben, beiseite stellen. Sahne in den Sud rühren und etwas einköcheln lassen. Das Eigelb mit etwas Sauce vermischen, in die übrige Sauce einrühren, bei schwacher Hitze unter Rühren sämig werden lassen.

7 Spargel und Fleischwürfel unter die Sauce heben, heiß werden lassen. Das Ragout mit Salz und Pfeffer abschmecken, in die Pasteten füllen.

Spargel mit Bärlauchcreme

● Raffiniert
● Vegetarisch

Für 4 Personen:

Für die Creme:
2 Eier
50 g Bärlauchblätter
125 g Crème fraîche
125 g Joghurt
Salz
weißer Pfeffer
1 EL Zitronensaft
Für den Spargel:
1 kg weißer Spargel
Salz

Zubereitungszeit: 45 Min.

Pro Portion ca.: 215 kcal
9 g EW/17 g F/7 g KH

1 Für die Creme die Eier in 8–10 Min. hart kochen.

2 Inzwischen die Bärlauchblätter waschen, trockentupfen und bis auf einige zum Garnieren hacken. Crème fraîche und Joghurt glatt rühren, den Bärlauch untermischen. Die Creme mit Salz, Pfeffer und Zitronensaft abschmecken.

3 Den Spargel waschen und schälen, die Enden abschneiden. Die Spargelschalen in einem Topf mit Wasser bedecken, aufkochen und 15 Min. leicht köcheln lassen. Den Sud durch ein Sieb gießen.

4 Die Spargelstangen in einen Siebaufsatz legen, diesen in einen flachen Topf stellen und den Sud zum Kochen bringen. Spargel zugedeckt bei mittlerer Hitze in 15–20 Min. gar dämpfen.

5 Die Eier pellen und würfeln. Locker unter die Bärlauchcreme ziehen. Den Spargel auf vier vorgewärmte Teller verteilen. Jeweils in der Mitte mit der Bärlauchcreme überziehen und mit den übrigen Bärlauchblättern garniert servieren.

TIPP!

Bärlauch finden Sie auf Gemüsemärkten oder Sie suchen ihn selbst in schattigen Laubwäldern. Während oder nach der Blüte sollten Sie die Blätter nicht mehr verwenden, sie schmecken dann zu herb.

Im Bild vorne: Spargel mit Bärlauchcreme
Im Bild hinten: Pastete mit Spargelfüllung

Spargelterrine

🔵 Für Gäste
🟢 Raffiniert

Für 6 Personen:

Für die Terrine:
500 g grüner Spargel
Salz
1 Prise Zucker
1 TL Butter
5 Blatt weiße Gelatine
1 Bund Schnittlauch
150 ml Kefir
200 g Frischkäse
2 TL mittelscharfer Senf
weißer Pfeffer
2 EL Zitronensaft
Öl für die Form
Für die Vinaigrette:
1 Tomate
2 EL Weißweinessig
5 EL Walnussöl
Salz
weißer Pfeffer
3–4 Blätter Friséesalat

Zubereitungszeit: 1 Std.
Kühlzeit: 5 Std.

Pro Portion ca.: 180 kcal
6 g EW/15 g F/4 g KH

1 Den Spargel waschen, nur im unteren Drittel schälen, die Enden abschneiden. Die Stangen samt Spitzen in 3 cm lange Stücke schneiden, die Spitzen beiseite legen.

2 1/2 l Wasser mit Salz, Zucker und Butter aufkochen. Die Spargelstücke ohne die Spitzen darin offen 8–12 Min. garen. Herausheben, kalt abschrecken und abtropfen lassen.

3 Im selben Sud die Spargelspitzen in etwa 5 Min. gerade gar kochen, aus dem Sud nehmen, kalt abschrecken und abtropfen lassen. Dann die Hälfte der Spitzen zugedeckt kalt stellen.

4 Eine Terrinen- oder Kastenform von 25 cm Länge hauchdünn mit Öl einpinseln, dann glatt mit Klarsichtfolie auslegen.

5 Die Gelatine in kaltem Wasser einweichen. Den Schnittlauch waschen, trockenschütteln und in feine Röllchen schneiden.

6 Kefir und die Spargelstücke fein pürieren. Anschließend mit dem Frischkäse glatt rühren. Senf und Schnittlauch dazugeben. Zuerst die Masse mit Salz, Pfeffer und Zitronensaft kräftig würzen.

7 Eingeweichte Gelatine ausdrücken, im Wasserbad auflösen. Zuerst mit 3 EL Spargelmasse vermischen, dann sofort unter die übrige Masse rühren.

8 Die Hälfte der Spargelmasse in die Form füllen, glatt streichen.

Darauf die eine Hälfte der Spargelspitzen verteilen, obenauf die restliche Masse streichen.

Die Kastenform mehrfach auf die Arbeitsplatte stoßen, damit der Inhalt sich setzt. Die Terrine mit Klarsichtfolie abdecken und mindestens 5 Std. oder über Nacht in den Kühlschrank stellen.

9 Für die Vinaigrette den Stielansatz der Tomate entfernen. Dann die Tomate kurz überbrühen, häuten, halbieren und entkernen. Das Fruchtfleisch fein würfeln.

10 Essig, Öl, Salz und Pfeffer kräftig verrühren. Die Tomatenwürfel

zufügen. Die Salatblätter waschen und trockentupfen. Von den restlichen Spargelspitzen von unten einige Scheiben schräg abschneiden.

11 Die Spargelterrine vorsichtig auf eine Platte stürzen, die Folie abziehen und in Scheiben schneiden.

Die Terrine mit den Spargelscheiben garnieren. Spargelspitzen und Salatblätter längs halbieren, um die Terrine herum anrichten und mit Tomaten-Vinaigrette beträufeln.

Spargelcocktail

● Gelingt leicht
● Gut vorzubereiten

Für 4 Personen:

600 g weißer Spargel (z. B. Bruchspargel)
Salz
1 Prise Zucker
1 TL Butter
8 kleine Salatblätter
1/2 Bund Petersilie
1 kleine reife Mango
200 g Garnelen
Für das Dressing:
75 g Joghurt-Mayonnaise
100 g saure Sahne
2–3 EL Tomatenketchup
2 EL Weinbrand oder Orangensaft
Salz
weißer Pfeffer
2 EL Zitronensaft
Cayennepfeffer

Zubereitungszeit: 40 Min.

Pro Portion ca.: 245 kcal
13 g EW/14 g F/13 g KH

1 Den Spargel waschen, schälen und die Enden abschneiden. Spargelstangen oder -stücke schräg in 4 cm lange Stücke schneiden. In einem Topf Wasser, Salz, Zucker und Butter aufkochen. Den Spargel darin 7-8 Min. garen.

2 Inzwischen die Salatblätter und die Petersilie waschen und trockentupfen. Den Salat in nicht zu kleine Stücke teilen, die Petersilie von den Stielen

zupfen, ein paar Blättchen zum Garnieren beiseite legen. Die Mango schälen, das Fruchtfleisch entlang des Steins in breiten Streifen abschneiden, würfeln.

3 Die Spargelstücke aus dem Sud heben, abtropfen und abkühlen lassen.

4 Für das Dressing Joghurt-Mayonnaise, saure Sahne, Ketchup und Weinbrand oder Orangensaft glatt rühren. Mit Salz, Pfeffer, Zitronensaft und einem Hauch Cayennepfeffer abschmecken.

5 Spargelstücke, Mangowürfel, Garnelen (je nach Größe halbieren), Salatblätter und Petersilienblättchen locker vermengen und in breiten Glasschalen oder auf Tellern anrichten. Das Dressing darüber löffeln, den Cocktail mit übriger Petersilie garnieren.

Spargel-Carpaccio

● Raffiniert
● Kalorienarm

Für 4 Personen:

2 EL weißer Balsam-Essig oder Weißweinessig
Salz
weißer Pfeffer
5 EL feinstes Olivenöl
1 Zweig Basilikum
1 TL kleine Kapern
12 schöne weiße Spargelspitzen (ca. 3 cm lang)
100 g Rinderfilet
1 Hand voll Rucola

Zubereitungszeit: 30 Min.
Ruhezeit: 1–2 Std.

Pro Portion ca.: 160 kcal
7 g EW/14 g F/3 g KH

1 Für die Marinade Essig, Salz und Pfeffer verrühren, bis sich das Salz aufgelöst hat. Das Öl unterschlagen. Das Basilikum waschen, trockentupfen, die Blättchen abzupfen und in Streifen schneiden. Mit den Kapern zur Marinade geben.

2 Die Spargelspitzen waschen, im unteren Bereich schälen, abtrocknen und längs halbieren. Spargel in der Marinade wenden und darin zugedeckt 1–2 Std. marinieren. Inzwischen vom Rinderfilet Haut, Sehnen und Fett entfernen. Das Fleisch in Alufolie

wickeln und im Gefrierfach kurz anfrieren.

3 Das Filet etwas antauen lassen, dann in möglichst dünne Scheiben schneiden. Den Rucola waschen, putzen und trockentupfen. Den Spargel aus der Marinade heben.

4 Spargelspitzen, Filetscheiben und Rucola auf Tellern anrichten, mit der Marinade beträufeln und sofort servieren.

Im Bild vorne:
Spargelcocktail
Im Bild hinten:
Spargel-Carpaccio

Spargelconsommé

● Braucht etwas Zeit
● Preiswert

Für 4–6 Personen:

700 g dünner weißer
Spargel
1 Bund Suppengrün
1 Scheibe Rindfleisch aus
der Schulter, etwa 200 g
Salz
weißer Pfeffer
einige Kerbelblättchen
zum Garnieren

Zubereitungszeit:
2 Std. 35 Min.

Bei 6 Personen pro Portion
ca.: 55 kcal
2 g EW/2 g F/6 g KH

1 Den Spargel waschen, schälen und die Enden großzügig abschneiden. Spargelstangen in ein feuchtes Tuch wickeln und im Kühlschrank aufbewahren.

2 Die Spargelschalen mit 1 1/4 l Wasser aufkochen und 15 Min. köcheln lassen.

3 Inzwischen das Suppengrün waschen, putzen und kleinschneiden. Das Fleisch würfeln. Suppengrün in einem Topf ohne Fett kurz anbraten, es darf dabei nicht bräunen.

4 Die Spargelschalen in ein Sieb abgießen, dabei den Sud auffangen. Spargelsud, Rindfleisch und Spargelenden zum Suppengrün in den Topf geben. Alles langsam zum Kochen bringen und abschäumen. Die Brühe im offenen Topf mindestens 2 Std. mehr ziehen als kochen lassen.

5 Brühe durch ein Mulltuch gießen, kalt werden lassen und entfetten. Das Fleisch anderweitig (z. B. für einen Salat) verwenden.

6 Die Spargelbrühe wieder erhitzen. Den Spargel schräg in 3–4 cm lange Stücke schneiden, die Spitzen beiseite legen. Spargelstücke in der Brühe zunächst 6 Min. köcheln lassen, dann die Spitzen dazugeben und alles in weiteren 4–5 Min. fertiggaren.

7 Den Spargel in vorgewärmte Suppenteller verteilen. Die Consommé mit Salz und Pfeffer abschmecken, über den Spargel in die Teller gießen. Die Suppe mit Kerbelblättchen garnieren.

Gebratener Spargel

● Gelingt leicht
● Für Gäste

Für 4 Personen:

1 kg grüner Spargel
3 EL Sonnenblumenöl
2 EL Walnussöl
Salz
schwarzer Pfeffer
100 g Bresaola (lufttrocknetes Rindfleisch)
oder Parmaschinken
Sesamfladen oder Stangenweißbrot

Zubereitungszeit: 35 Min.

Pro Portion ca.: 375 kcal
15 g EW/22 g F/33 g KH

1 Den Spargel waschen und nur das untere Drittel schälen. Holzige Enden abschneiden. Die Spargelstangen sehr schräg in etwa 5 cm lange Stücke schneiden.

2 In einer großen beschichteten Pfanne das Sonnenblumenöl erhitzen. Den Spargel darin unter gelegentlichem Wenden in etwa 10 Min. rundherum kross braten.

3 Temperatur herunter drehen und danach vorsichtig das Bratöl abgießen. Den Spargel mit dem Walnussöl beträufeln, salzen und leicht pfeffern.

4 Die gebratenen Spargelstücke mit Bresaola oder Schinken auf vier Tellern anrichten. Mit Sesamfladen oder Stangenweißbrot servieren.

VARIANTE

Fein schmeckt so auch weißer Spargel. Dazu die Stangen waschen, schälen und schräg in etwa 3 cm große Stücke schneiden. Je nach Dicke in 10–15 Min. bissfest braten. Dazu Lammschinken oder geräucherte Gänsebrust servieren.

Im Bild vorne: Spargelconsommé
Im Bild hinten: Gebratener Spargel

Grün-weiße Spargelsuppe

● Raffiniert
● Vegetarisch

Für 4 Personen:

je 250 g grüner und weißer Spargel
3 Frühlingszwiebeln
1/2 Bund glatte Petersilie
1 EL Butter
600 ml Gemüsebrühe
200 g Sahne
Salz
weißer Pfeffer

Zubereitungszeit: 30 Min.

Pro Portion ca.: 225 kcal
4 g EW/20 g F/8 g KH

1 Den Spargel waschen. Den weißen ganz, den grünen Spargel nur im unteren Drittel schälen. Enden abschneiden und die Stangen in Stücke schneiden.

2 Die Frühlingszwiebeln waschen, putzen und in dünne Ringe schneiden. Petersilie waschen, die Blättchen abzupfen. Ein paar kleine Petersilienblättchen und 1 TL grüne Zwiebelringe beiseite legen.

3 In zwei Töpfen je die Hälfte der Butter aufschäumen lassen. In einem Topf den weißen Spargel und das Weiße der Frühlingszwiebeln andünsten, im anderen Topf den grünen Spargel, das restliche Grün der Frühlingszwiebeln und die übrigen Petersilienblättchen unter Rühren andünsten.

4 In jeden Topf 300 ml Gemüsebrühe und 100 g Sahne gießen. Den weißen Spargel offen 10–20 Min., den grünen offen 8–12 Min. weich kochen lassen.

5 Spargelsuppen getrennt pürieren, mit Salz und Pfeffer abschmecken.

6 Zum Servieren von jeder Suppe etwas in einen Teller geben. Übrige Petersilienblättchen und Zwiebelringe in die Mitte der Suppe streuen.

Spargelcreme mit Shrimps

● Gelingt leicht
● Für Gäste

Für 4 Personen:

750 g weißer Spargel
Salz
weißer Pfeffer
1 Prise Zucker
1 EL Butter
3–5 EL Weißwein
100 g Shrimps
2 EL Crème fraîche
1 EL Zitronensaft
1 Msp. gemahlene Muskatnuss
100 g Sahne
1 EL Kerbelblättchen oder Schnittlauchröllchen

Zubereitungszeit: 50 Min.

Pro Portion ca.: 185 kcal
8 g EW/14 g F/5 g KH

1 Den Spargel waschen, schälen, die Enden abschneiden. Die Schalen mit 3/4 l Wasser, 1/2 TL Salz, etwas Pfeffer, Zucker und Butter aufkochen und zugedeckt 15 Min. köcheln lassen.

2 Inzwischen die Spargelstangen in 3 cm lange Stücke schneiden. Den Spargelfond durch ein Sieb in einen flachen Topf gießen. Weißwein dazugeben, den Fond wieder aufkochen.

3 Den Spargel im Fond 10-20 Min. garen, dabei die Spargelspitzen nach 10-15 Min. herausheben, sie sollten gerade gar sein. Zugedeckt beiseite stellen.

4 Die Shrimps in einem Sieb unter Wasser kurz waschen, abtropfen lassen.

5 Spargelstücke mit dem Fond pürieren. Crème fraîche einrühren. Die Suppe mit Zitronensaft, Salz, Pfeffer und Muskatnuss abschmecken. Aufkochen. Spargelspitzen und Shrimps in die Suppe geben, heiß werden lassen.

6 Die Sahne steif schlagen, unter die Spargelcreme heben. Mit Kräutern bestreut servieren.

Im Bild vorne:
Grün-weiße Spargelsuppe
Im Bild hinten: Spargelcreme mit Shrimps

Haupt-sache Spargel

Spargel ist eines der ersten Gemüse, das in die Tellermitte gerückt ist, denn man genoss ihn schon immer als Hauptbestandteil eines Gerichts, selten als Beilage. Klassisch, aber nicht von gestern ist die Kombination von Schinken und/oder Sauce zum Edelgemüse.

... mit Schinken

Spargel und Schinken sind ein ideales kulinarisches Duo. Welchen Schinken Sie zum Spargel essen, ist reine Geschmackssache. Je nach Zuschnitt, Pökel-, Räucher- und Reifemethode gibt es viele unterschiedliche Spezialitäten. Das sind die beliebtesten Sorten:
• Schwarzwälder Schinken schmeckt rauchig und kräftig aromatisch.
• Holsteiner Katenschinken ist milder und zarter als Schwarzwälder Schinken.
• Westfälischer Knochenschinken schmeckt besonders würzig.
• Parma-Schinken oder San-Daniele-Schinken sind italienische Spezialitäten mit zartem, leicht nussigem Geschmack und werden hauchdünn geschnitten.
• Aoste-Schinken und Bayonne-Schinken sind milde und zarte Spezialitäten aus Frankreich.
• Wer es besonders würzig liebt, serviert Bündner Fleisch (getrockneter Rinderschinken) oder Lammschinken.
• Gekochter Schinken ist saftig und schmeckt mild. Sanft gepökelter Beinschinken gilt als das Beste zu Spargel.

Welcher Schinken zum Spargel passt, ist ganz Geschmackssache

Für den Klassiker Spargel, Schinken und neue Kartoffeln rechnet man pro Portion:
500 g Spargel,
80 bis 100 g rohen oder 150 bis 200 g gekochten Schinken und 200 g Kartoffeln.

Warum ist weißer Spargel so teuer?

Wer »Spargel satt« essen möchte, weiß, dass dies kein preiswertes Vergnügen ist. Warum? Weil Spargelanbau eine arbeitsaufwändige und kostenintensive Sache ist: Die Pflanzen brauchen viel Platz, gedeihen nur in durchlässigen, nährstoffreichen Böden und reagieren empfindlich auf Kälte und Nässe. Erst nach drei bis vier Jahren kann zum ersten Mal voll geerntet werden. Zudem ist die Saison von einheimischem Spargel, die von Ende April bis zum 24. Juni geht, relativ kurz. Und: Spargelstechen ist immer mühsame Handarbeit. Etwas preiswerter ist Bruchspargel oder Spargel aus dem Mittelmeerraum. Letzteren erkennt man an seinen oft grünlich oder violett angehauchten Köpfen.

Spargel garen

Es gibt verschiedene Möglichkeiten des Garens: in einem üblichen Topf, der ausreichend groß und breit sein sollte, in einem ovalen Topf mit Siebeinsatz oder im hohen Spargeltopf mit Siebeinsatz.

• Im üblichen Topf Spargelbrühe (Seite 5) oder Wasser mit Gewürzen (je nach Geschmack 1 kräftige Prise Salz und Zucker und etwas Butter) zum Kochen bringen. Spargel lose oder gebündelt hineinlegen und zugedeckt kochen.
• Schonend gedämpft wird Spargel in ovalen oder hohen Spargeltöpfen: So viel Brühe oder Wasser mit Gewürzen in den Topf füllen, dass gerade der Siebboden in der Flüssigkeit steht. Die Stangen hineinlegen oder – stellen. Die Flüssigkeit aufkochen lassen und den Spargel zugedeckt garen.

Garzeiten

Je nach Dicke der Stangen garen weißer und violetter Spargel in 10 bis 20 Min., grüner Spargel in 8 bis 12 Min.. Der Spargel ist gar, wenn man mit der Messerspitze unterhalb des Spargelkopfes leicht durchstechen kann. Den Spargel abgetropft mit Beilagen nach Wahl servieren.

Spargel für viele

Für ein Spargelessen mit Gästen ist das Garen im Backofen zu empfehlen. Legen Sie den vorbereiteten Spargel in zwei Reihen nebeneinander, mit den Köpfen nach innen, in die tiefe Fettpfanne des Ofens. Mit heißer Spargelbrühe knapp bedecken oder heißes Wasser samt Gewürzen dazugießen. Spargel mit Butterflöckchen bedecken und mit Alufolie verschließen. Behutsam, damit keine Flüssigkeit überschwappt, in die unterste Schiene des auf 180-200° (Umluft 160-180°) heißen Backofens schieben und in 20 bis 25 Min. garen. Den Spargel aus dem Sud heben, abtropfen lassen und gleich servieren.

Im Umlufterd können Sie auch mehrere Bleche gleichzeitig garen

Stangenspargel mit Eier-Vinaigrette

- Gelingt leicht
- Vegetarisch

Für 4 Personen:

4 Eier
2 kg Spargel (weiß oder grün oder gemischt)
Salz
1 Prise Zucker
2 TL Butter
1 Kästchen Kresse
1 Bund Schnittlauch
6 kleine Radieschen
2 EL Rotweinessig
4 EL Traubenkern- oder Olivenöl
1/2 TL Dijon-Senf
weißer Pfeffer

Zubereitungszeit: 1 Std.

Pro Portion ca.: 260 kcal
14 g EW/18 g F/9 g KH

1 Die Eier in 8–10 Min. hart kochen, abschrecken und kalt werden lassen.

2 Inzwischen den Spargel waschen, schälen und putzen. In Spargelsud oder Wasser mit Salz, Zucker und Butter 10–20 Min. garen.

3 Während der Garzeit die Kresse abbrausen, die Blättchen mit einer Schere abschneiden und trockentupfen. Den Schnittlauch waschen, trockenschütteln und in feine Röllchen schnei-

den. Die Radieschen waschen, Wurzel- und Blattansätze entfernen. Radieschen in feine Stifte schneiden.

4 Für die Vinaigrette Essig, Öl, Senf, etwas Salz, Pfeffer und 75 ml Spargelsud in einen hohen Rührbecher geben. Alles mit dem elektrischen Schneidstab oder mit einem Schneebesen kräftig aufschlagen. Die Eier pellen und grob hacken.

5 Den abgetropften Spargel auf vier vorgewärmten Tellern anrichten, mit etwas Vinaigrette beträufeln. Die übrige Vinaigrette mit Kresse, Schnittlauch, Radieschen und Eiern vermengen, über den Spargel verteilen.

Dazu passen Kartoffeln.

Stangenspargel mit Schinkenplatte

- Gelingt leicht
- Für Gäste

Für 4 Personen:

2 kg weißer Spargel
1 Stange Lauch
800 g neue Kartoffeln
Salz
1 TL Zucker
200 g Butter
eine Hand voll Rucola
4–6 Kirschtomaten
400–500 g gemischter Schinken (gekochter Beinschinken, Katenschinken, Westfälischer oder Schwarzwälder Schinken)

Zubereitungszeit: 50 Min.

Pro Portion ca.: 920 kcal
34 g EW/72 g F/33 g KH

1 Den Spargel waschen, schälen und putzen. Nach Belieben portionsweise bündeln, dabei mit grünen blanchierten Lauchstreifen umwickeln. Die Kartoffeln gründlich waschen.

2 Kartoffeln mit Schale gar kochen. Den Spargel in Spargelsud oder in Wasser mit Salz, Zucker und 2 TL Butter 15–20 Min. garen.

3 Den Rucola waschen und trockentupfen, die Tomaten waschen und halbieren. Die übrige

Butter in einem Topf bei mittlerer Hitze schmelzen und goldbraun werden lassen. Den Schinken mit Tomatenhälften und Rucola auf einer Platte anrichten.

4 Die Kartoffeln abgießen, den Spargel aus dem Sud heben und abtropfen lassen. Spargel und je 2–3 Kartoffeln auf vorgewärmten Tellern anrichten. Mit etwas flüssiger Butter beträufeln. Die restlichen Kartoffeln, die übrige Butter und den Schinken dazu servieren.

TIPP!

Für die Lauchstreifen von einer kleinen Stange Lauch die Blätter einzeln ablösen. Dann in kochendem Salzwasser 1/2 Minute blanchieren, abschrecken und trockentupfen.

Im Bild vorne: Stangenspargel mit Eier-Vinaigrette
Im Bild hinten: Stangenspargel mit Schinkenplatte

Stangenspargel mit Sauce Hollandaise

● Für Gäste
● Braucht etwas Zeit

Für 4 Personen:

2 kg weißer Spargel
1 TL Salz
1 Prise Zucker
8–12 makellose Schnitt-lauchhalme
Für die Sauce:
3 EL Estragon- oder Weiß-weinessig
5 EL Weißwein oder Wasser
1 TL Pfefferkörner
125 g Butter
3 Eigelbe
Salz
1–2 EL Zitronensaft
Cayennepfeffer

Zubereitungszeit: 1 Std.

Pro Portion ca.: 370 kcal
10 g EW/31 g F/10 g KH

1 Für die Sauce den Essig, den Wein oder das Wasser und die Pfefferkörner in einem kleinen Topf aufkochen und die Flüssigkeit auf 3 EL einkochen. Danach die Essigreduktion abkühlen lassen.

2 Die Butter in Stücke schneiden. In einer Pfanne bei kleinster Hitze schmelzen und einmal kurz aufkochen lassen, sie darf dabei nicht bräunen. Sofort von der Kochstelle nehmen und stehenlassen, bis sich die Molke am Pfannenboden abgesetzt hat.

3 Den geklärten Butteranteil vorsichtig in eine Schüssel abgießen, so dass die Molke zurückbleibt.

4 Inzwischen den Spargel waschen, schälen und holzige Enden entfernen.

5 Die Essigreduktion durchsieben. Ein Wasserbad vorbereiten.

6 3 l Wasser mit Salz und Zucker aufkochen lassen. Den Spargel portionsweise bündeln, oder in den Einsatz des Spargeltopfes legen und bei mittlerer Hitze 10–20 Min. köcheln lassen.

7 Währenddessen die Eigelbe mit der Essigreduktion und 1 Prise Salz in eine Rührschüs-

sel aus Metall geben (dazu eignet sich am besten eine sogenannte Schlagschüssel).

8 Bei mittlerer Hitze im Wasserbad mit dem Schneebesen zu einer hellen, dickschaumigen Creme aufschlagen.

9 Die flüssige Butter zuerst tropfen- dann esslöffelweise unter die Eiercreme schlagen.

Erst wieder Butter zugeben, wenn die vorhergehende völlig eingearbeitet ist. (Wenn die Sauce zu dick wird, ein paar Tropfen Zitronensaft hinzufügen.) Die Sauce muss dabei heiß werden, damit das Eigelb binden kann,

darf aber nicht kochen, weil sie sonst gerinnt.

10 Die Schüssel mit der Sauce aus dem heißen Wasserbad nehmen, den Schüsselboden kurz in Eiswasser (Wasser mit Eiswürfeln) abkühlen.

11 Die Sauce Hollandaise mit übrigem Zitronensaft, Salz und einem Hauch Cayennepfeffer abschmecken.

12 Den abgetropften Spargel mit der Sauce Hollandaise anrichten und mit Schnittlauchhalmen garniert servieren.

Dazu passen Kartoffeln und auch ein kleines Kalbssteak.

Grüner Spargel mit Tomaten-Hollandaise

● Raffiniert
● Braucht etwas Zeit

Für 4 Personen:

2 kg grüner Spargel
1 TL Salz · 1 Prise Zucker
2 TL Butter
Für die Sauce:
1 Fleischtomate
1 Zweig Basilikum
1–2 Knoblauchzehen
1/2 TL Anissamen
3 Eigelbe
4 EL Gemüsebrühe
2 EL Zitronensaft
125 g Butter
1 TL abgeriebene Zitronen-schale (unbehandelt)
Salz · weißer Pfeffer
Tabasco

Zubereitungszeit: 1 Std.

Pro Portion ca.: 390 kcal
11 g EW/33 g F/11 g KH

1 Den Spargel waschen, putzen und mit den Gewürzen garen.

2 Inzwischen für die Sauce die Tomate überbrühen, häuten, halbieren, entkernen und fein würfeln. Basilikum waschen, die Blätter in feine Streifen schneiden. Knoblauch schälen, den Anis fein zerdrücken.

3 Aus Eigelb, Gemüsebrühe, Zitronensaft und Butter wie auf S. 20 beschrieben eine Hollandaise zubereiten. Tomate, Basilikum, Zitronenschale und Anis unterheben, den Knoblauch dazudrücken. Die Sauce mit Salz, Pfeffer und Tabasco leicht scharf abschmecken. Zum Spargel servieren.

Spargel mit Sauce Maltaise

● Raffiniert
● Braucht etwas Zeit

Für 4 Personen:

2 kg weißer Spargel
1 TL Salz
1 Prise Zucker
2 TL Butter
einige Blättchen
Zitronenmelisse
Für die Sauce:
1 unbehandelte
(Blut-)Orange
125 g Butter
3 Eigelbe
1–2 EL Zitronensaft
Salz · Cayennepfeffer

Zubereitungszeit: 1 Std.

Pro Portion ca.: 375 kcal
10 g EW/32 g F/10 g KH

1 Spargel waschen, putzen und mit den Gewürzen garen.

2 Inzwischen für die Sauce die Orange heiß waschen, abtrocknen und mit einem Zestenreißer einige feine Streifen zum Garnieren abziehen. Die Orange auspressen, den Saft durchsieben. Die Schalenstreifen kurz blanchieren, abtropfen lassen.

3 Die Sauce wie die Hollandaise (S. 20) zubereiten, dabei statt der Essigreduktion 5 EL Orangensaft verwenden. Spargel und Sauce anrichten, mit Orangenschale und Melisse garniert servieren.

Spargel mit Kräuter-sabayon

● Kalorienarm
● Vegetarisch

Für 4 Personen:

2 kg weißer Spargel	
Salz	
1 Prise Zucker	
2 TL Butter	
Für das Sabayon:	
1 Bund gemischte Kräuter	
5 Eigelbe	
10 EL Sahne	
2 EL Zitronensaft	
1 TL mittelscharfer Senf	
Salz	
1 Prise Zucker	
weißer Pfeffer	

Zubereitungszeit: 50 Min.

Pro Portion ca.: 215 kcal
12 g EW/14 g F/9 g KH

1 Spargel waschen, putzen und mit den Gewürzen garen.

2 Für die Sauce die Kräuter waschen, trockenschütteln und bis auf einige Blättchen fein hacken.

3 In einer Metallschüssel Eigelbe, Sahne, Zitronensaft, Senf und 3–4 EL von der Spargelbrühe verrühren. Im heißen Wasserbad mit einem Schneebesen zu einem cremigen Schaum aufschlagen.

4 Gehackte Kräuter unterrühren. Sabayon mit Salz, Zucker und Pfeffer abschmecken. Mit übrigen Kräutern bestreuen, zum Spargel servieren.

Spargel mit Forellen-creme

● Gelingt leicht
● Für Gäste

Für 4 Personen:

Für die Sauce:	
1 unbehandelte Zitrone	
200 g Sahne	
1 TL schwarze Pfefferkörner	
125 g geräuchertes Forellenfilet	
Salz · schwarzer Pfeffer	
Außerdem:	
je 1 kg weißer und grüner Spargel	
Salz	
1 Prise Zucker	
2 TL Butter	
1–2 EL Forellenkaviar	
3 Stiele Dill	

Zubereitungszeit: 50 Min.

Pro Portion ca.: 310 kcal
17 g EW/20 g F/11 g KH

1 Für die Creme von der Zitrone die Schale dünn abschneiden. Mit 100 g Sahne und den Pfefferkörnern aufkochen, kurz ziehen lassen und durchsieben.

2 Das Forellenfilet ohne Haut mit der gewürzten Sahne sehr fein pürieren.

3 Den Spargel waschen, putzen und garen.

4 Übrige Sahne leicht anschlagen, mit dem Kaviar unter die Creme heben. Mit Salz, Pfeffer und Zitronensaft abschmecken. Creme und Spargel anrichten, mit Dill garnieren.

Spargel-Gemüse-Ragout

● Raffiniert
● Kalorienarm

Für 4 Personen:

800 g gemischter Spargel (weißer oder violetter und grüner)
Salz
1 Prise Zucker
2 EL Butter
150 g Zuckerschoten
150 g Kirschtomaten
300 g Kalbszunge am Stück (gepökelt und gekocht)
1/4 TL Safranpulver oder gleiche Menge Safranfäden (= 0,1 g)
1 Schalotte
200 ml Kalbsfond (aus dem Glas)
150 g Sahne
weißer Pfeffer
1–2 EL Zitronensaft
Kerbel- oder Estragonblättchen zum Garnieren

Zubereitungszeit: 45 Min.

Pro Portion ca.: 420 kcal
26 g EW/32 g F/28 g KH

1 Den Spargel waschen, schälen, putzen und schräg in etwa 5 cm lange Stücke schneiden. In Spargelsud (Seite 5) oder Wasser mit Salz, Zucker und 2 TL Butter je nach Farbe und Dicke in 8–15 Min. knapp gar werden lassen.

2 Währenddessen die Zuckerschoten waschen und putzen. In Salzwasser offen 3 Min. blanchieren. Abgießen, kalt abschrecken und gut abtropfen lassen.

3 Die Tomaten waschen. Die Kalbszunge in kurze, 1/2 cm dicke Streifen schneiden. Den Safran in 1 EL Wasser einweichen.

4 Die Schalotte schälen, fein würfeln. Die übrige Butter in einem breiten Topf erhitzen, die Schalotte darin andünsten. Kalbsfond und Sahne zugießen, den Safran einrühren, die Sauce bei starker Hitze sämig einkochen lassen.

5 Die Tomaten halbieren. Den Spargel aus dem Sud heben und abtropfen lassen. Tomaten, Spargel, Zuckerschoten und Kalbszunge in die Safransauce geben, heiß werden lassen. Das Ragout mit Salz, Pfeffer und Zitronensaft abschmecken. Mit Kräuterblättchen bestreut servieren.

Dazu passen Kartoffeln oder Reis.

Grünes Spargelgemüse in Wein-Sahne-Sauce

● Preiswert
● Kalorienarm

Für 4 Personen:

1,5 kg grüner Spargel
2 Schalotten
2 EL Butter
Salz
1/2 TL Zucker
weißer Pfeffer
200 ml trockener Weißwein
200 g Crème fraîche
je 2 Zweige Petersilie, Dill, Schnittlauch und Basilikum
Muskatnuss
1–2 TL Zitronensaft

Zubereitungszeit: 40 Min.

Pro Portion ca.: 215 kcal
7 g EW/15 g F/10 g KH

1 Den Spargel waschen, schälen, putzen und schräg in 4–5 cm lange Stücke schneiden. Die Schalotten schälen und fein würfeln.

2 Die Butter in einem flachen Topf erhitzen, Schalotten darin glasig dünsten. Den Spargel zufügen und kurz mitdünsten. Mit Salz, Zucker und Pfeffer würzen. Den Weißwein und die Crème fraîche einrühren. Den Spargel offen bei mittlerer bis schwacher Hitze 8–12 Min. garen.

3 Inzwischen die Kräuter waschen und trockentupfcn. Einige Blättchen beiseite legen, den Rest fein hacken.

4 Die Kräuter unter das Spargelgemüse mischen. Mit Salz, Pfeffer, frisch geriebener Muskatnuss und Zitronensaft abschmecken. Die Kräuterblättchen obenauf streuen.

> **TIPP!**
> Das Spargelgemüse als Hauptgericht mit Schinken und Kartoffeln oder als Beilage zu Fleisch- und Fischgerichten servieren.

Im Bild vorne: Spargel-Gemüse-Ragout
Im Bild hinten: Grünes Spargelgemüse in Wein-Sahne-Sauce

Spargelstrudel

● Preiswert
● Für Gäste

Für 4–6 Personen:

Für den Teig:
250 g Mehl und Mehl zum Arbeiten
1 Prise Salz
1 Ei
3 1/2 EL Öl
2 EL zerlassene Butter
Für die Füllung:
je 500 g weißer oder violetter und grüner Spargel
Salz
1 Prise Zucker
1 1/2 EL Butter
weißer Pfeffer
1/2 Bund Petersilie
125 g Magerquark
2 Eigelbe
Muskatnuss

Zubereitungszeit:
1 Std. 15 Min.

Bei 6 Personen pro Portion
ca.: 300 kcal
12 g EW/13 g F/35 g KH

1 Für den Strudelteig Mehl mit Salz, Ei, 3 EL Öl und knapp 1/8 l lauwarmem Wasser zunächst verrühren, und danach kräftig verkneten, bis ein geschmeidiger Teig entsteht. Anschließend mit den Händen auf der leicht bemehlten Arbeitsfläche mindestens 10 Min. weiter kräftig durchkneten. Der Teig soll am Ende seidig glänzend und elastisch sein.

2 Den Teig zur Kugel formen, mit übrigem Öl bestreichen, in einen Frischhaltebeutel geben und mindestens 30 Min. ruhen lassen.

3 Inzwischen für die Füllung den Spargel waschen, schälen und putzen. Die Spargelspitzen 8 cm lang abschneiden, beiseite legen.

4 Die Spargelenden in Spargelbrühe oder Wasser mit Salz, Zucker und 2 TL Butter weich kochen. Herausheben, etwas abkühlen lassen und fein pürieren. Mit Salz und Pfeffer würzen.

5 Während die Spargelenden garen, die übrige Butter in einer großen beschichteten Pfanne erhitzen. Die Spargelspitzen darin unter Rühren je nach Dicke 3–4 Min. braten. Salzen und pfeffern.

6 Die Petersilie waschen, trockenschütteln und fein hacken. Den Quark mit Spargelpüree, Eigelben und Petersilie glatt rühren, die Masse mit Salz, Pfeffer und Muskatnuss kräftig abschmecken.

7 Den Backofen auf 200° (Umluft 180°) vorheizen. Ein großes Tuch mit Mehl bestäuben, darauf den Teig so dünn es geht ausrollen. Dann mit den Handrücken unter den Teig fahren und ihn dabei in alle Richtungen zu einem Rechteck von etwa 60 x 40 cm ausziehen. Dicke Ränder abschneiden.

8 Den Strudelteig mit etwas zerlassener Butter bepinseln. Die Spargel-Quark-Masse aufstreichen, dabei an allen Rändern 3–4 cm frei lassen. Die Spargelspitzen längs halbieren, auf der Quarkmasse verteilen.

Den Teig an den beiden schmalen Seiten über die Füllung schlagen und von der Längsseite her mit Hilfe des Tuches zu einem Strudel formen.

9 Den Strudel mit der Naht nach unten hufeisenförmig auf ein mit Backpapier ausgelegtes Backblech legen. Mit zerlassener Butter bestreichen. Im Ofen (2. Schiene von unten) 35–40 Min. backen. Dabei öfter mit der übrigen zerlassenen Butter bestreichen.

> ### TIPP!
> Den Strudel können Sie solo genießen oder dazu einen gemischten Blattsalat mit Essig-Öl-Marinade servieren. Noch raffinierter schmeckt der Spargelstrudel mit einer Sauce. Beispielsweise mit Bärlauchcreme (S. 6) oder mit Tomaten-Hollandaise (S. 22).

Spargel und mehr

Echte Fans genießen die Saison in vollen Zügen und würden am liebsten jeden Tag Spargel essen – natürlich immer wieder anders. Spargel lässt sich auf so vielfältige Weise zubereiten, dass es auch nicht immer der teuerste sein muss.

Die Güteklassen

Weißen und violetten Spargel gibt es in drei Handelsklassen, sie beurteilen das Aussehen, nicht die Frische oder den Geschmack:
• Handelsklasse Extra, das sind die schönsten, dicksten, aber auch die teuersten Stangen. Ganz gerade und ganz lang. Praktisch außerdem beim Kochen, denn gleich dicke Stangen garen auch gleichmäßig. Lohnt sich nur, wenn Sie Spargel solo oder mit feinen Saucen servieren.
• Spargel der Handelsklasse I ist ebenfalls sortiert und ausgesucht. Die Stangen dürfen aber leicht gebogen sein und kleinere Verfärbungen haben. Geeignet für Spargelbeilagen.
• Zur Handelsklasse II zählen weniger gut geformte und stärker gebogene Spargelstangen, die Schale darf Verfärbungen haben. Dieser preiswertere Spargel ist gut für Suppen, Salate, Gemüse, Quiche.
• Bruchspargel sind abgebrochene Stangen aus allen drei Handelsklassen, am besten für Suppen und Saucen.

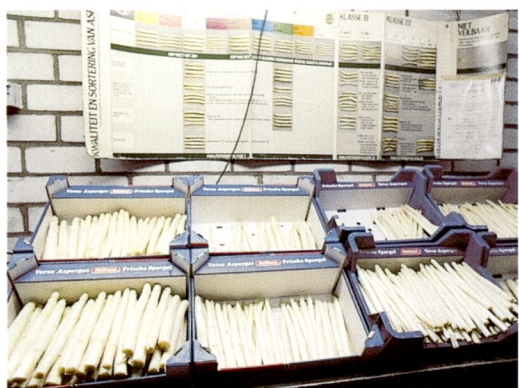

Nicht immer ist es nötig die teuerste Handelsklasse zu kaufen.

Wie bewahrt man Spargel auf?

Wenn frischer Spargel nicht gleich zubereitet werden kann, die Stangen in ein frisches, angefeuchtetes Geschirrtuch einschlagen und in einen großen Gefrierbeutel verpacken. So bleibt er im Gemüsefach des Kühlschranks 2 bis 3 Tage frisch. Grundsätzlich aber gilt: Spargel so schnell wie möglich verbrauchen.

Spargel tiefkühlen

Gegen Ende der Saison wird Spargel oft preiswerter. Dann gleich zugreifen und einfrieren. Dazu die rohen Stangen schälen, erst auf einem Tablett anfrieren, dann 2–3lagig in Gefrierbeutel oder -dosen füllen. So verpackt hält sich Spargel im Tiefkühler bis zu 6 Monate. Spargelstangen zum Einfrieren nicht blanchieren, sonst verlieren sie an Aroma.

Tiefgekühlten Spargel garen

Zum Garen den Spargel nicht auftauen, sondern gefroren direkt in die kochende Spargelbrühe (aus dem Vorrat) oder ins kochende Wasser mit Gewürzen geben. Wichtig: Die Garzeit von Tiefkühlspargel verkürzt sich im Vergleich zu frischem Spargel um etwa 5 Min.

Kleine Küchenhelfer

Bei der Vor- und Zubereitung von Spargel erleichtern diese Geräte Ihre Arbeit:
• Mit einem speziellen Spargelschäler werden die Schalen sparsam, schnell und perfekt entfernt. Es gibt ihn in verschiedenen Ausführungen – auch für Linkshänder.
• Schonend bis in die empfindlichen Spitzen garen die Stangen im Spargeltopf. Liegend gebettet oder stehend gehalten in einem Gittereinsatz dämpft der Spargel sanft und geschmacksschonend in wenig Wasser.

Edles für's Edelgemüse

Wenn genussvoll gegessen wird, darf passendes, zugleich nützliches Spargel-Zubehör nicht fehlen. Fein und funktionell.

Damit die Garflüssigkeit nicht die Sauce verwässert:
• Eine Servierplatte mit gelochtem Einsatz zum Abtropfen.
• Auch mit Hilfe einer großen Stoffserviette, die man zwischen Servierplatte und Spargel legt, kommt das Gemüse heiß und trocken auf die Teller.
• Mit einer Spargelzange oder einem Spargelheber haben Sie die Stangen zum Transport auf den Teller sicher im Griff.
• Ein Butter- oder Saucen-Set, aus kleinem Töpfchen mit Stövchen, eignet sich bestens zum Erhitzen von Butter und zum Warmhalten von Saucen.

Geeignete Platten helfen beim Abtropfen des Spargels

Spargel mit Kartoffel-waffeln

● Gelingt leicht
● Raffiniert

Für 4 Personen:

Für die Waffeln:
750 g festkochende Kartoffeln
1 Zwiebel
2 Eier
1 Eigelb
3 EL Mehl
Salz
weißer Pfeffer
Außerdem:
2 kg weißer Spargel
Salz
1 Prise Zucker
200 g Butter
10–12 zarte Salbeiblätter
100 g roher Schinken
schwarzer Pfeffer

Zubereitungszeit: 1 Std. 15 Min.

Pro Portion ca.: 730 kcal
20 g EW/56 g F/37 g KH

1 Für die Waffeln Kartoffeln und Zwiebel schälen. Die Kartoffeln grob, die Zwiebel fein reiben. Beides gut auspressen. Mit Eiern, Eigelb und Mehl verrühren. Salzen und pfeffern. Den Teig zugedeckt quellen lassen.

2 Inzwischen den Spargel waschen, schälen und putzen. In Spargelsud oder Wasser mit Salz, Zucker und 2 TL Butter in 10–20 Min. bissfest garen.

3 Währenddessen die Salbeiblätter waschen und trockentupfen. 1 EL Butter in einer großen Pfanne aufschäumen. Die Salbeiblätter darin kurz anbraten. Dann die übrige Butter bis auf 1/2 EL dazugeben.

4 Den Schinken in fingerbreite Streifen schneiden, unterrühren und pfeffern.

5 Das Waffeleisen erhitzen und einfetten. Aus dem Teig nach und nach in jeweils 3–5 Min. knusprige Waffeln backen.

6 Den Spargel abtropfen lassen, auf vorgewärmten Tellern verteilen, mit der heißen Salbei-Schinken-Butter begießen und mit den Waffeln servieren.

Leipziger Allerlei

● Raffiniert
● Für Gäste

Für 4 Personen:

100 g frische Spitzmorcheln (ersatzweise 20 g getrocknete)
500 g weißer Spargel
500 g gemischtes Gemüse (z. B. junge Möhren, Kohlrabi oder weiße Rübchen, Zuckerschoten)
2 Schalotten
50 g Krebs-Butter (Fertigprodukt)
Salz
Pfeffer
200 ml Kalbsfond (aus dem Glas)
einige Kräuterblättchen zum Garnieren

Zubereitungszeit: 1 Std.
Einweichzeit: 1 Std.

Pro Portion ca.: 195 kcal
10 g EW/14 g F/20 g KH

1 Getrocknete Morcheln mit heißem Wasser übergießen und 1 Std. einweichen. Frische Morcheln gründlich waschen, kleinere ganz lassen, größere halbieren oder vierteln.

2 Den Spargel waschen, schälen und die Enden abschneiden. Spargel schräg in 4 cm lange Stücke schneiden. Möhren und Kohlrabi oder Rübchen schälen, in dekorative spargelgroße Stücke schneiden. Die Zuckerschoten waschen und entfädeln. Schalotten schälen, fein würfeln.

3 Die Krebsbutter in einem flachen Topf erhitzen, die Schalotten darin andünsten. Spargel, Möhren und Kohlrabi oder Rübchen zufügen und kurz mitdünsten. Salzen und pfeffern. Mit Kalbsfond ablöschen und zugedeckt bei mittlerer Hitze in etwa 15 Min. bissfest garen.

4 Morcheln und Zuckerschoten zum Gemüse geben, alles zusammen noch 3–5 Min. dünsten. Das Leipziger Allerlei mit Salz und Pfeffer abschmecken und mit Kräutern bestreut servieren.

Im Bild vorne:
Spargel mit Kartoffelwaffel
Im Bild hinten:
Leipziger Allerlei

Hühnerfrikassee mit Spargelspitzen

● Gut vorzubereiten
● Braucht etwas Zeit

Für 6 Personen:

Für die Brühe:
1 küchenfertiges Suppen-
huhn
1 großes Bund Suppengrün
1 Zwiebel
1 Zweig Thymian
2 Lorbeerblätter
1 TL Pfefferkörner
2 Wacholderbeeren
Außerdem:
750 g weiße Spargel-
spitzen
150 g frische Champignons
1 EL Butter
1 Schalotte
Saft und abgeriebene
Schale von 1 unbehandel-
ten Zitrone
1 Schuß trockener Weiß-
wein (nach Belieben)
200 g Sahne
2 Eigelbe
Salz
weißer Pfeffer
Muskatnuss
1 Prise Cayennepfeffer
1/2 Bund Petersilie

Zubereitungszeit: 3 Std.

Pro Portion ca.: 650 kcal
43 g EW/53 g F/8 g KH

1 Für die Hühner-
brühe das Suppen-
huhn gründlich innen
und außen waschen.
Das Suppengrün
waschen, putzen und
kleinschneiden. Die
Zwiebel schälen und
vierteln.

2 Alles mit dem Thymian, den Lorbeerblät-
tern, Pfefferkörnern
und Wacholderbeeren
in einen Topf füllen, mit
1 1/2 l kaltem Wasser
aufgießen und offen
langsam zum Kochen
bringen. Dann das
Huhn halb zugedeckt
bei schwacher Hitze in
1 1/2–2 Std. in der leise
siedenden Brühe garen.

3 Das Huhn heraus-
heben, etwas abkühlen
lassen. Die Brühe durch
ein Sieb gießen, nach
Belieben entfetten und
bei starker Hitze ohne
Deckel auf etwa 1/4 l
einkochen lassen.

4 Die Haut vom Huhn
entfernen, Fleisch von
den Knochen lösen und
in mundgerechte Stü-
cke schneiden. Die
Spargelspitzen wa-
schen, eventuell den
unteren Teil schälen.

Die Champignons put-
zen, große halbieren
oder vierteln.

5 Die Butter in einem
flachen Topf erhitzen.
Die Schalotte schälen,
fein würfeln. Mit den
Pilzen in der Butter an-
dünsten. Die Spargel-
spitzen dazugeben, die
Hühnerbrühe angießen.
Alles aufkochen und
zugedeckt bei schwa-
cher Hitze 8–10 Min.
köcheln lassen.

6 Hühnerfleisch mit
2 TL Zitronenschale und
dem Wein in den Topf
geben, erwärmen. Sah-
ne und Eigelbe vermi-
schen, in die Sauce
geben und unter Rüh-
ren erhitzen, aber nicht
mehr kochen lassen.

7 Das Frikassee mit
Salz, Pfeffer, frisch ge-
riebener Muskatnuss,
Cayennepfeffer und
Zitronensaft ab-
schmecken. Die Peter-
silie waschen, trocken-
tupfen und hacken. Mit
der übrigen Zitronen-
schale darüber streuen.

Dazu schmecken breite
Bandnudeln, Reis oder
Kartoffelschnee.

Burgunder-Spargel mit Steak

● Raffiniert
● Für Gäste

Für 4 Personen:

1 kg weißer Spargel
1 Zweig Estragon
1 EL Butter
750 ml roter Burgunder
Salz
schwarzer Pfeffer
2 EL Butterschmalz
4 Steaks à 150 g
1 Schalotte
3 EL Crème fraîche

Zubereitungszeit: 1 Std.

Pro Portion ca.: 590 kcal
23 g EW/37 g F/9 g KH

1 Den Spargel waschen, schälen und von den holzigen Enden befreien. Den Estragon waschen, trockenschütteln und den Zweig halbieren.

2 In einem breiten Topf die Butter erhitzen. Den Spargel darin portionsweise 2 Min. andünsten. Den Burgunder angießen. Einen halben Estragonzweig, etwas Salz und Pfeffer dazugeben. Alles aufkochen und den Spargel offen bei mittlerer Hitze in 10-20 Min. garen.

3 Inzwischen das Butterschmalz in einer großen Pfanne erhitzen.

Die Steaks pfeffern und von beiden Seiten 6 8 Min. braten. Herausheben, in Alufolie wickeln und 5 Min. warm stellen. Das Bratfett bis auf einen kleinen Rest weggießen.

4 Die Schalotte schälen und vierteln. Im verbliebenen Bratfett scharf anbraten, herausnehmen und wegwerfen. 300 ml Spargel-Wein-Sud in die Pfanne gießen. Die Crème fraîche einrühren und alles zu einer sämigen Sauce einkochen lassen. Mit Salz und Pfeffer abschmecken.

5 Die Steaks salzen, mit dem abgetropften Spargel und der Sauce auf vorgewärmten Tellern anrichten und mit den übrigen Estragonblättchen garnieren.

Mit Petersilienkartoffeln servieren.

Grüner Spargel und Lammkoteletts

● Gelingt leicht
● Raffiniert

Für 4 Personen:

8 Stielkoteletts vom Lamm
4 EL Olivenöl
2 EL Zitronensaft
1 Prise Cayennepfeffer
Salz
schwarzer Pfeffer
1 kg grüner Spargel
1 TL Zucker
1 TL Butter
150 ml Milch
150 g Gorgonzola
1 EL rosa Pfefferkörner
einige Blättchen Zitronenmelisse

Zubereitungszeit: 40 Min.
Marinierzeit: 2 Std.

Pro Portion ca.: 865 kcal
37 g EW/76 g F/8 g KH

1 Die Lammkoteletts kurz waschen und trockentupfen. Aus Öl, Zitronensaft, Cayennepfeffer, etwas Salz und Pfeffer eine Marinade rühren. Das Fleisch darin wenden und zugedeckt im Kühlschrank 1–2 Std. durchziehen lassen.

2 Den Spargel waschen, nur im unteren Drittel schälen und die holzigen Enden abschneiden. Die Spargelstangen in Spargelbrühe oder Wasser mit Salz, Zucker und Butter ohne Deckel in 8-12 Min. bissfest garen.

3 Inzwischen die Milch in einem Topf erhitzen. Den Käse darin unter Rühren schmelzen lassen. Die Pfefferkörner leicht zerstoßen. Die Zitronenmelisse waschen, trockentupfen und feinstreifig schneiden. Beides unter die Käsesauce rühren, mit Pfeffer abschmecken.

4 Die Lammkoteletts aus der Marinade nehmen, abtropfen lassen. Die Marinade in einer Pfanne erhitzen, die Koteletts darin bei mittlerer Hitze von jeder Seite 2 Min. braten. Leicht salzen. Mit dem abgetropften Spargel und der Gorgonzolasauce anrichten.

Dazu passen Pellkartoffeln oder breite Bandnudeln.

Im Bild vorne: Burgunder-Spargel mit Steak
Im Bild hinten: Grüner Spargel und Lammkoteletts

Gratinierter Spargel

● Gelingt leicht
● Preiswert

Für 4 Personen:

1 kg grüner Spargel
Salz
1 Prise Zucker
50 g Butter
150 g roher Schinken
50 g Parmesan (oder Grana Padano)
50 g mittelalter Gouda
1/2 Bund Petersilie

Zubereitungszeit: 45 Min.

Pro Portion ca.: 370 kcal
18 g EW/30 g F/5 g KH

1 Den Spargel waschen, nur im unteren Drittel schälen und die holzigen Enden abschneiden. Die Spargelstangen in Spargelbrühe oder Wasser mit Salz, Zucker und 1 TL Butter in knapp 10 Min. bissfest kochen.

2 Inzwischen den Backofen auf 225° (Umluft 200°) vorheizen. Eine flache feuerfeste Form mit etwas Butter einfetten. Den Schinken in feine Streifen schneiden. Beide Käsesorten reiben. Die Petersilie waschen, trockentupfen und die Blättchen abzupfen.

3 Den Spargel abtropfen lassen und mit 1/2 Tasse Sud in die Form geben. Die übrige Butter in einer Pfanne erhitzen, Petersilie und Schinken darin kurz anbraten. Diese Mischung über den Spargel in die Form gießen.

4 Den Spargel gleichmäßig mit dem geriebenen Käse bestreuen. Im Ofen (Mitte) in 5–7 Min. goldbraun überbacken.

Mit Petersilienkartöffelchen servieren.

TIPP!

Auf diese Weise können Sie auch weißen oder violetten Spargel gratinieren. Er muss etwa 10–15 Min. vorkochen, um knapp gar zu werden.

Spargelquiche mit Schinken

● Für Gäste
● Braucht etwas Zeit

Für 4–6 Personen:

Für den Mürbeteig:
175 g Mehl
100 g kalte Butter
1 Prise Salz
1 Ei
Fett für die Form
Mehl zum Ausrollen
Für den Belag:
je 500 g weißer oder violetter und grüner Spargel
Salz
1 TL Butter
1 Prise Zucker
1/2 Bund Petersilie
150 g gekochter Schinken
3 ganz frische Eigelbe
150 g Sahne
2 TL abgeriebene Orangenschale (unbehandelt)
weißer Pfeffer
Muskatnuss
50 g frisch geriebener Emmentaler

Zubereitungszeit:
1 Std. 10 Min.

Bei 6 Personen pro Portion
ca.: 460 kcal
16 g EW/33 g F/25 g KH

1 Für den Teig aus Mehl, der Butter in kleinen Stückchen, Salz und Ei einen glatten Mürbeteig kneten. Zugedeckt etwa 30 Min. kalt stellen.

2 Inzwischen den Spargel waschen. Hellen ganz, den grünen nur im unteren Drittel schälen. Die holzigen Enden entfernen. Den Spargel schräg in 4 cm lange Stücke schneiden.

3 Salzwasser mit Butter und Zucker aufkochen. Den hellen Spargel darin in etwa 10–20 Min. bissfest kochen, den grünen für die letzten 8–12 Min. dazugeben.

4 Den Backofen auf 200° (Umluft 180°) vorheizen. Eine Tarte- oder Springform (Ø 28 cm) einfetten.

5 Die Petersilie waschen, trockenschütteln und sehr fein hacken. Den Schinken ohne Fettrand in 1 cm breite Streifen schneiden.

6 Den Teig auf bemehlter Arbeitsfläche ausrollen. In die Form legen und dabei einen 3 cm hohen Rand formen. Den Teigboden mit einer Gabel mehrmals einstechen. Den Mürbeteig 10 Min. vorbacken.

7 Den Spargel abtropfen lassen. Eigelbe mit Sahne und Orangen-

schale verrühren,
mit Salz, Pfeffer und
frisch geriebener Mus-
katnuss kräftig würzen.

8 Spargel, die Hälfte
vom Käse, Schinken
und Petersilie auf dem
Teig verteilen. Den Eier-
guss darüber gießen,
mit übrigem Käse be-
streuen. Die Quiche
im Ofen (Mitte)
25–30 Min. backen, bis
der Guss schnittfest ist.

TIPP!

Die Quiche lässt sich
natürlich auch nur mit
einer Spargelsorte zube-
reiten. Dann dafür die
doppelte Menge, also
1 kg Spargel nehmen.

Im Bild vorne: Spargel-
quiche mit Schinken
Im Bild hinten: Gratinierter
Spargel

Spargel und Scholle auf Basilikumsauce

● Gelingt leicht
● Raffiniert

Für 4 Personen:

600 g Schollenfilet
1–2 EL Zitronensaft
1 kg weißer oder
violetter Spargel
Salz
1 Prise Zucker
2 EL Butter
weißer Pfeffer
1/8 l trockener Weißwein
oder Gemüsebrühe
1 großes Bund Basilikum
3 EL Crème fraîche

Zubereitungszeit: 1 Std.

Pro Portion ca.: 270 kcal
30 g EW/12 g F/5 g KH

1 Die Schollenfilets trockentupfen und mit 1 EL Zitronensaft beträufeln.

2 Den Spargel waschen, schälen und putzen. Die Stangen jeweils schräg in 2–3 Stücke schneiden. In Spargelsud oder Wasser mit Salz, Zucker und 2 TL Butter in 10–20 Min. garen.

3 Inzwischen die Schollenfilets trockentupfen. Die restliche Butter in einer großen Pfanne erhitzen und die Filets darin bei mittlerer Hitze von jeder Seite in 1–2 Min. goldbraun braten. Aus der Pfanne heben, leicht salzen und pfeffern, zugedeckt warm stellen.

4 Wein oder Brühe in die Pfanne gießen und etwas einköcheln lassen. Das Basilikum waschen, einige Blättchen beiseite legen, den Rest mit 4 EL Spargelsud fein pürieren. In die Pfanne geben.

5 Crème fraîche einrühren und die Sauce sämig einköcheln lassen. Mit übrigem Zitronensaft, Salz und Pfeffer abschmecken.

6 Den abgetropften Spargel mit den Schollenfilets auf der Sauce anrichten, mit den Basilikumblättchen garnieren.

Dazu schmecken Pellkartöffelchen.

Gegrillter Spargel mit Tunfisch

● Raffiniert
● Kalorienarm

Für 4 Personen:

1 kg grüner Spargel
1 reife Fleischtomate
1 Knoblauchzehe
200 g Wildreis-Mischung
3–4 EL feinstes Olivenöl
Salz
grob gemahlener Pfeffer
4 Scheiben Tunfisch
von je 150 g
(oder Schwertfisch)
2 EL Butterschmalz
1 EL Zitronensaft

Zubereitungszeit: 50 Min.

Pro Portion ca.: 720 kcal
44 g EW/42 g F/43 g KH

1 Den Backofen- oder den Elektrogrill vorheizen. Den Spargel waschen, nur im unteren Drittel schälen und die holzigen Enden abschneiden. Die Tomate vom Stielansatz befreien, überbrühen, häuten, halbieren, entkernen und würfeln. Den Knoblauch schälen.

2 Die Wildreismischung nach Packungsangabe garen. Inzwischen ein Backblech mit Alufolie auslegen. Dünn mit Öl bepinseln. Den Spargel darauf nebeneinander ausbreiten. Mit dem übrigem Öl bestreichen, leicht salzen und mit etwas Pfeffer bestreuen. Den Spargel unter den Grill schieben und in 8–10 Min. garen, dabei einmal umdrehen.

3 Die Tunfischscheiben trockentupfen und pfeffern. In einer großen Pfanne das Butterschmalz erhitzen. Die Fischscheiben darin von jeder Seite je nach Dicke 2–4 Min. braten. Mit Salz und Zitronensaft würzen. Die Tomate zum Fisch geben, den Knoblauch dazu pressen.

4 Den gegrillten Spargel mit Tunfisch und Reis auf vorgewärmten Tellern anrichten.

Im Bild vorne: Gegrillter Spargel mit Tunfisch
Im Bild hinten: Spargel und Scholle auf Basilikumsauce

Obwohl schon seit Jahrtausenden bekannt und beliebt ist Spargel ein durch und durch modernes Gemüse: schön leicht, spitzenmäßig vielfältig und Saison für Saison für kreative Herausforderungen gut.

Viele Wege führen zum Genuss

Spargel in Brühe oder Wasser kochen ist nur eine der möglichen Garmethoden für das feine Gemüse. Mehr Aroma haben die Stangen, wenn man sie auf einem Bett aus Schalen dämpft oder in wenig Wasser dünstet. In der modernen Küche ist man in den letzten Jahren immer mehr dazu übergegangen, Spargel zu braten (Seite 12), zu gratinieren (Seite 36) zu grillen (Seite 38 und 44) oder im Wok (Seite 60) unter ständigem Rühren zu garen.

Probieren Sie aus, wie hervorragend das schmeckt.

Spargel garen in der Folie

Sie können Spargel auch unkompliziert und fettarm in Folie zubereiten. Dafür die Spargelstangen waschen, schälen und putzen. Mit frisch gehackten Kräutern, etwas trockenem Weißwein, etwas Butter und Salz in Alufolie oder einen Bratbeutel packen und bei 180° etwa 20 Min. im Ofen garen.

Frühlings-Aperitif

Dieser außergewöhnliche und alkoholfreie Aperitif passt besonders gut vor ein Spargelessen: Eine kräftige Spargelbrühe (Seite 5) mit etwas Zitronensaft, Salz, Zucker und wenig Butter abschmecken. Warm in kleinen Gläsern oder Espressotassen servieren.

Auf moderne Art

Spezialität: Wilder Spargel

Die dünnen grünen Stangen mit den lockeren Köpfen sind enge Verwandte des weißen Spargels und Newcomer der modernen Küche. Im Vergleich zu den kultivierten Sorten schmeckt Wildspargel mit seinem herb-bitteren Aroma jedoch herzhafter. Gegart wie roh ist er ein Genuss. Die zarten Stangen werden nicht geschält, waschen genügt. Der seltene Wildspargel kommt meist aus Italien, Frankreich oder Spanien. Am besten beim Händler vorbestellen. Bekommen Sie keinen Wildspargel, nehmen Sie thailändischen Spargel.

Leuchtendes Grün

Alle grünen Spargelsorten wie grüner Spargel, Wildspargel oder thailändischer Spargel (Ährenspargel) behalten ihre frische Farbe auch gekocht, wenn sie im offenen Topf, also ohne Deckel, gegart werden. Danach, je nach Zubereitung, den Spargel eventuell in eiskaltem Wasser abschrecken und gut abtropfen lassen.

Spargel per Online

Informationen zur Geschichte des Spargels gibt es auch im Internet. Hier können Sie unter www.spargel.de während der Saison Spargel ordern. Geht Ihre Bestellung bis 12 Uhr mittags ein, ist eine Lieferung innerhalb von 24 Stunden garantiert. Eine gute Idee für all diejenigen, die nicht in unmittelbarer Nähe eines Spargelgebietes wohnen, auf bestmögliche Frische aber nicht verzichten wollen.

Gesundheit von der Stange

Früher galt Spargel als Heilpflanze, blutreinigend, gut gegen Rheuma und für die Potenz. Heute sieht man ihn mehr als Genussmittel, das dem Körper gut tut. Die weißen oder grünen Stangen sind leicht verdaulich, regen den Stoffwechsel an und wirken cholesterinsenkend. Spargel besteht bis zu 95 Prozent aus Wasser. Allerdings haben es die restlichen Prozente in sich. Spargel enthält vor allem Vitamin K, Vitamine der B-Gruppe, Kalium und Eisen. Und das alles bei nur 17 Kalorien pro 100 Gramm. Ideal also für eine genussvolle Frühjahrskur. Für die Entschlackung sorgen die Wirkstoffe Asparaginsäure und Kalium. Das Abspecken gelingt garantiert, wenn Sie Butter und üppige Saucen weglassen. Auch mit Spargelbrühe lässt sich gut entschlacken. „Schlanke" Rezepte in diesem Buch sind z. B. Wildspargel mit Sesam-Garnelen oder Blattsalat mit gegrilltem Spargel.

Je dunkler die Spargelfarbe desto intensiver ist der Geschmack. Weißer Spargel ist also am mildesten.

Spargelgemüse auf Parmesantoast

● Preiswert
● Vegetarisch

Für 4 Personen:

4 Scheiben Mehrkorn-toastbrot
2 Eier
50 ml Milch
4 EL frisch geriebener Parmesan
Salz
Pfeffer
50 g getrocknete Tomaten in Öl
250 g weißer Spargel
2 kleine Möhren
3 EL Olivenöl
2 Zweige Basilikum
1 EL weißer Balsam-Essig

Zubereitungszeit: 50 Min.

Pro Portion ca.: 240 kcal
10 g EW/14 g F/21 g KH

1 Toastscheiben nebeneinander in eine flache Form legen. Eier mit Milch und Parmesan verrühren, mit Salz und Pfeffer kräftig würzen. Brote damit begießen und 20 Min. einweichen.

2 Inzwischen die getrockneten Tomaten in einem Sieb abtropfen lassen, das Öl auffangen. Spargel waschen, schälen und die Enden abschneiden. Spargelstangen längs halbieren, schräg in etwa 4 cm lange Stücke schneiden. Möhren waschen, schälen und schräg in dünne Scheiben schneiden.

3 Aufgefangenes Tomatenöl und 1 EL Olivenöl in einer Pfanne erhitzen. Spargel und Möhren darin bei schwacher bis mittlerer Hitze in etwa 10 Min. bissfest braten. Tomaten klein würfeln und unterrühren.

4 Übriges Öl in einer beschichteten Pfanne erhitzen. Brotscheiben etwas abtropfen lassen und im Öl von beiden Seiten goldgelb braten.

5 Basilikum waschen, trockenschütteln, die Blätter zerzupfen. Unter das Gemüse mischen. Mit Essig, Salz und Pfeffer abschmecken. Auf den Toastbroten verteilen.

Kräuter-Spargel auf Räucherlachs

● Gelingt leicht
● Gut vorzubereiten

Für 4 Personen:

1,2 kg weißer Spargel
Salz
1 Prise Zucker
1 TL Butter
je 1 Bund Dill, Petersilie und Schnittlauch
4 EL Weißweinessig
1 TL rote Pfefferkörner
2 EL Sonnenblumenöl
250 g Räucherlachs (z. B. irischer Biolachs)

Zubereitungszeit: 45 Min.
Marinierzeit: 2 Std.

Pro Portion ca.: 285 kcal
23 g EW/18 g F/7 g KH

1 Spargel waschen, schälen und die holzigen Enden abschneiden. In Spargelbrühe oder Wasser mit Salz, Zucker und Butter in 10-20 Min. bissfest garen.

2 Inzwischen die Kräuter waschen, trockenschütteln und grob hacken. Aus Essig, Salz, Pfefferkörnern, Öl und 6 EL Spargelsud eine Marinade rühren. Die Kräuter untermischen.

3 Spargel aus dem Sud heben, abtropfen lassen und in eine flache Schüssel legen. Die Kräutermarinade darüber verteilen, den Spargel zugedeckt mindestens 2 Std. darin ziehen lassen.

4 Den Räucherlachs auf vier Tellern auslegen. Spargel aus der Marinade heben und darauf verteilen, mit etwas Marinade beträufeln. Sofort servieren, dazu getoastetes Weißbrot reichen.

VARIANTE

Wenn Sie den Spargel warm servieren wollen, wenden Sie ihn gleich nach dem Garen in 80 g zerlassener Butter. Leicht salzen und pfeffern und mit den Kräutern vermischen. Mit dem Lachs anrichten.

**Im Bild vorne: Spargelgemüse auf Parmesantoast
Im Bild hinten: Kräuter-Spargel auf Räucherlachs**

Grüner Spargel im Filoteig

● Raffiniert
● Preiswert

Für 4 Personen:

16 Stangen grüner Spargel
Salz
1 Msp. Zucker
300 g Vollmilchjoghurt
1 TL abgeriebene Zitronenschale (unbehandelt)
3 EL Schnittlauchröllchen
schwarzer Pfeffer
4 Blätter Filoteig
(30 x 40 cm; gibt's in tür-
kischen Lebensmittelläden)
8 Scheiben luftgetrockne-
ter Schinken
2 EL zerlassene Butter

Zubereitungszeit: 1 Std.

Pro Portion ca.: 515 kcal
16 g EW/38 g F/28 g KH

1 Den Spargel wa-
schen, im unteren
Drittel schälen und die
Enden abschneiden.
Spargelstangen in we-
nig kochendes Salzwas-
ser mit Zucker geben
und ohne Deckel bei
mittlerer Hitze 5 Min.
dünsten. Abgießen,
abtropfen und ganz
auskühlen lassen.

2 Joghurt mit abgerie-
bener Zitronenschale
und Schnittlauchröll-
chen verrühren, mit
Salz und Pfeffer ab-
schmecken.

3 Den Backofen auf
180° vorheizen. Die

Filoteigblätter jeweils
halbieren, von beiden
Seiten mit Wasser be-
pinseln, damit sie form-
bar werden. Spargel-
stangen quer halbieren.

4 Auf jedes Teigblatt
eine Schinkenscheibe
legen und diese mit 1 TL
Schnittlauch-Joghurt
bestreichen. Obenauf
4 Spargelstücke legen.
Das Ganze zu Päckchen
formen und die Teig-
enden fest zusammen-
drücken.

5 Teigpäckchen neben-
einander in eine ofen-
feste Form setzen, mit
Butter bestreichen und
im Ofen (Mitte, Umluft
160°) in 20 Min. gold-
gelb und knusprig
backen.

6 Spargelpäckchen
mit dem übrigen
Schnittlauch-Joghurt
servieren.

Dazu passt gut ge-
mischter Blattsalat.

Blattsalate mit gegrilltem Spargel

● Raffiniert
● Kalorienarm

Für 4 Personen:

250 g gemischte Blatt-
salate (z. B. Frisée-,
Bataviasalat, Rucola)
250 g Erdbeeren
2–3 EL Rotweinessig
1 TL Ahornsirup
2 EL Gemüsebrühe
Salz
schwarzer Pfeffer
2 EL Rapsöl
500 g weißer Spargel
2 EL Nussöl

Zubereitungszeit: 40 Min.

Pro Portion ca.: 120 kcal
3 g EW/8 g F/8 g KH

1 Blattsalate putzen,
waschen, trocken-
schleudern und in
mundgerechte Stücke
zupfen. Erdbeeren
waschen, entstielen
und längs halbieren
oder vierteln.

2 Aus Essig, Ahorn-
sirup, Brühe, Salz,
Pfeffer und Rapsöl eine
Marinade rühren. Blatt-
salate, Erdbeeren und
Marinade vermengen,
abschmecken und auf
4 Teller verteilen.

3 Backofen- oder
Elektrogrill vorheizen.
Spargel waschen, schä-
len und die Enden

abschneiden. Spargel-
stangen schräg in etwa
1 cm dicke Scheiben
schneiden. Auf einem
mit Backpapier beleg-
ten Backblech ausbrei-
ten, mit dem Nussöl
hauchdünn bepinseln.
Auf der zweiten Schie-
ne von oben etwa
5 Min. grillen, bis der
Spargel gerade gar ist.

4 Gegrillten Spargel
leicht salzen und pfef-
fern, auf dem Salat ver-
teilen. Sofort servieren.

Im Bild vorne:
Grüner Spargel im Filoteig
Im Bild hinten: Blattsalate
mit gegrilltem Spargel

Spargelsuppe mit Huhn und Zitronengras

● Gelingt leicht
● Gut vorzubereiten

Für 4 Personen:

1 kg weißer oder grüner Spargel
2 Hühnerbrustfilets (300 g)
1 Schalotte
1 walnussgroßes Stück Ingwer
2 EL Öl
1/2 TL Currypulver
Salz
weißer Pfeffer
1 1/2 l Geflügelbrühe
2 Stangen Zitronengras
1/2 Bund Koriandergrün oder Petersilie

Zubereitungszeit: 45 Min.

Pro Portion ca.: 165 kcal
28 g EW/8 g F/10 g KH

1 Den Spargel waschen, weißen ganz, grünen im unteren Drittel schälen, die Enden abschneiden. Spargelstangen von der Spitze aus schräg in 4 cm lange Stücke schneiden.

2 Die Hühnerbrustfilets trockentupfen und in Streifen schneiden. Schalotte und Ingwer schälen, fein würfeln. Öl in einem Topf erhitzen, das Fleisch darin 1 Min. anbraten, Schalotte, Ingwer und Curry unterrühren, kurz mit-

braten. Fleisch mit Salz und Pfeffer würzen.

3 Die Brühe angießen. Das Zitronengras waschen, halbieren und mit dem Spargel in die Suppe geben. Alles aufkochen und zugedeckt bei schwacher Hitze 10-15 Min. sanft köcheln lassen, bis der Spargel bissfest ist.

4 Koriandergrün oder Petersilie waschen, trockenschütteln, die Blättchen abzupfen.

5 Zitronengras mit einer Schaumkelle aus der Suppe fischen und wegwerfen. Suppe mit Salz und Pfeffer abschmecken, mit Kräuterblättchen bestreut servieren.

> **TIPP!**
> Frischer Ingwer, frisches Zitronengras und Koriandergrün bekommen Sie im Asienladen oder in gut sortierten Gemüseläden.

Wildspargel mit Sesam-Garnelen

● Für Gäste
● Kalorienarm

Für 4 Personen:

12 rohe Riesengarnelen, ohne Kopf (etwa 300 g)
1 kg Wildspargel oder thailändischer Spargel
Salz
1 Knoblauchzehe
1 walnussgroßes Stück frischer Ingwer
3 EL Rapsöl
1 TL Sesamöl
1 EL geschälte Sesamsamen
schwarzer Pfeffer
2 EL Limetten- oder Zitronensaft

Zubereitungszeit: 35 Min.

Pro Portion ca.: 185 kcal
19 g EW/9 g F/6 g KH

1 Garnelen jeweils aus den Schalen brechen, am Rücken längs einschneiden und den Darm entfernen. Garnelen kalt abspülen und trockentupfen.

2 Den Spargel waschen, trockentupfen. Spargel nicht schälen, nur die holzigen Enden abschneiden. Die Stangen in einen Dämpfeinsatz legen.

3 In einen Topf zweifingerbreit Wasser füllen, salzen und aufkochen lassen.

Dämpfeinsatz hineinstellen und den Spargel zugedeckt in 5-7 Min. bissfest garen.

4 Inzwischen Knoblauch und Ingwer schälen, sehr fein würfeln. Raps- und Sesamöl in einer großen Pfanne erhitzen, Ingwer und Knoblauch darin anbraten. Garnelen dazugeben und bei mittlerer Hitze von jeder Seite 2 Min. braten. Sesamsamen einstreuen und goldgelb werden lassen. Die Garnelen leicht salzen und pfeffern.

5 Wildspargel auf vorgewärmte Teller verteilen. Limetten- oder Zitronensaft und 2 EL Dämpfflüssigkeit verrühren und über den Spargel träufeln. Die Sesam-Garnelen daneben anrichten.

Dazu schmeckt Baguette oder Basmati-Reis.

**Im Bild vorne: Wildspargel mit Sesam-Garnelen
Im Bild hinten: Spargelsuppe mit Huhn und Zitronengras**

Stangenspargel mit Kartoffel-Ricotta-Sauce

● Preiswert
● Vegetarisch

Für 4 Personen:

250 g mehligkochende Kartoffeln
150 ml Gemüsebrühe
750 g grüner Spargel
Salz
1 Prise Zucker
2 EL Pinienkerne
1 EL Olivenöl
2 Schalotten
150 g weicher Ricotta (ital. Frischkäse)
2 EL Petersilienblättchen
1–2 EL Zitronensaft
weißer Pfeffer

Zubereitungszeit: 45 Min.

Pro Portion ca.: 175 kcal
9 g EW/9 g F/14 g KH

1 Die Kartoffeln schälen, waschen, klein würfeln und in der Gemüsebrühe aufkochen, 15 Min. garen.

2 Inzwischen den Spargel waschen, im unteren Drittel schälen und die Enden abschneiden. Spargel in kochendem Salzwasser mit Zucker in 8–12 Min. bissfest garen.

3 Pinienkerne in einer Pfanne ohne Fett goldgelb rösten, herausnehmen. Öl in der Pfanne erhitzen. Die Schalotten schälen, fein würfeln und im Öl glasig dünsten.

4 Spargel abgießen, das Kochwasser dabei auffangen. Spargel warm stellen. Kartoffeln in der Brühe mit einem Stampfer fein zerdrücken. Ricotta untermischen. Vom Spargelkochwasser etwa 125–150 ml einrühren, so dass eine sämige Sauce entsteht. Die Schalotten und die Petersilie hinzufügen, Sauce mit Zitronensaft, Salz und Pfeffer abschmecken.

5 Spargel mit der Sauce anrichten und mit gerösteten Pinienkernen bestreut servieren.

Tortellini mit Spargelspitzen

● Gelingt leicht
● Preiswert

Für 4 Personen:

1 kg weiße Spargelspitzen
Salz
1 Msp. Zucker
3 Frühlingszwiebeln
2 EL Olivenöl
500 g Tomatenstücke (Fertigprodukt)
1 Zweig Rosmarin
schwarzer Pfeffer
500 g grüne Tortellini mit Käse- oder Fleischfüllung (aus der Kühltheke)

Zubereitungszeit: 40 Min.

Pro Portion ca.: 360 kcal
22 g EW/16 g F/31 g KH

1 Die Spargelspitzen waschen, schälen und die Enden gerade schneiden. In kochendem Salzwasser mit Zucker je nach Dicke in 10-15 Min. bissfest garen.

2 Inzwischen die Frühlingszwiebeln putzen, waschen, in feine Ringe schneiden und im heißen Öl unter Rühren andünsten. Die Tomatenstücke und den Rosmarin dazugeben, mit Salz und Pfeffer würzen und die Sauce zugedeckt bei schwacher Hitze 10 Min. köcheln lassen.

3 Tortellini in reichlich kochendem Salzwasser nach Packungsangabe garen, in ein Sieb abgießen.

4 Spargel abgießen und abtropfen lassen. Die Tomatensauce abschmecken, mit den Tortellini und den Spargelspitzen auf vorgewärmten Tellern anrichten.

VARIANTE

Genau so schnell lassen sich Spargelspitzen und Tomatensauce mit ungefüllten Nudeln zubereiten. Etwa mit breiten Bandnudeln, Spaghetti oder Fusili.

Im Bild vorne: Stangenspargel mit Kartoffel-Ricotta-Sauce
Im Bild hinten: Tortellini mit Spargelspitzen

Internatio-nale Spezi-alitäten

Rund um den Globus wird Spargel angebaut, neben Europa auch in Südamerika, Südafrika und Thailand. Weltweit wird das zarte Gemüse zubereitet, mal mit Zitronengras (Seite 46), mal mit Artischocken (Seite 54) oder auch mit Shiitake-Pilzen (Seite 60). Spargel ist, wie immer auch serviert, auf jeden Fall ein grenzenloser Genuss.

Euro-asiatisch

Besonders schnell und raffiniert gelingt Spargel im Wok. Zum Beispiel weiße Spargelstangen schräg in 2 bis 3 Stücke schneiden. Mit Erdnuss- und Sesamöl, einer zerdrückten Knoblauchzehe, etwas Salz und Zucker in einem Wok unter ständigem Rühren braten, bis die Stücke schön glänzen. Nach und nach etwas Sojasauce und Gemüsebrühe dazu gießen. Den Spargel in etwa 10 Min. fertig garen, bis er bissfest ist.

Spargelpraxis

Für ein Spargelessen rechnet man 500 g weißen Spargel pro Person, gibt's kräftige Beilagen dazu (Steak, Kotelett) reichen 250 bis 300 g. Bei grünem Spargel sollte man 375 g pro Person für eine Hauptmahlzeit kaufen, als Beilage rund 200 g.

Spargel ist in jeder Küche zu Hause, auch in der asiatischen.

Wie man Spargel richtig isst

Die Benimm-Experten sind sich einig: Je nach persönlicher Vorliebe kann man die Spargelstangen entweder mit dem Messer in Stücke schneiden oder – den Spargelkopf voran – mit Hilfe von Gabel und einer Hand zum Mund führen und Stück für Stück abbeißen.

Italo-Spargel

Eine neue Sorte, die man immer öfter auf den Märkten sieht. Spargelkopf und der obere Teil der Stange sind grün mit einem abschließenden violetten Ring. Der untere Teil der Stange ist weiß. Der Italo-Spargel schmeckt kräftig, leicht an Broccoli erinnernd, und passt gut zu Gerichten mit Tomaten, zum Beispiel einer Pasta-Sauce.

Spargel & Getränke

Weißwein ist der ideale Begleiter zum Spargel, vor allem zu weißem. Mediterrane Gerichte mit grünem Spargel, wie beispielsweise Spargel-Risotto (Seite 52), vertragen auch einen leichten Rotwein. Die Auswahl an Weißweinen ist groß. Servieren Sie Spargel pur ohne viel Beilagen, passen junge, nicht säurebetonte Weine wie Silvaner, Gutedel, Müller-Thurgau, Grüner Veltliner, Welschriesling, Soave, Frascati oder Sauvignon Blanc. Reichen Sie Gerichte mit sahnigen Saucen, Fisch oder Fleisch, sind kräftigere Weißweine wie Riesling, Grauburgunder, Chardonnay, Chablis oder weißer Bordeaux die richtigen Partner.

Schnelle Saucen

Nichts geht über selbst gemachte Saucen. Aber wenn bis zum Essen nur noch wenig Zeit bleibt, leisten Fertigsaucen schnelle Dienste. Zwei Beispiele für schnelle Saucen aus der internationalen Küche, für je 4 Portionen:
• Für eine französische Kräuter-Sauce 2 Päckchen Sauce Béarnaise (à 250 g) erwärmen, mit 2 TL Senf und gemischten Kräutern (frisch gehackt oder tiefgekühlt) verrühren.
• Für eine spanische Orangen-Sherry-Sauce 2 Päckchen Nudel-Sahne-Sauce (à 250 g) bei mittlerer Hitze erwärmen. 5 EL Orangensaft, 3 EL Sherry und 2 EL Schnittlauchröllchen einrühren. Mit Salz und Pfeffer abschmecken.

Spargel-Museum

Wenn Sie Spargel nicht nur kulinarisch genießen, sondern auch etwas über seine kulturgeschichtliche Entwicklung und interessante Details über Anbau, Ernte, Spargel in der Kunst und in der Erotik erfahren wollen, besuchen Sie das Europäische Spargel-Museum im bayerischen Schrobenhausen. Es hat zum Beispiel in der Spargel-Hochsaison vom 15. April bis 30. Juni täglich geöffnet.

Und die gute Nachricht für Biertrinker: Selbstverständlich macht auch ein gepflegtes Pils oder Helles den Spargelgenuss perfekt.

Lauwarmer Spargel mit Kernöl

● Gelingt leicht
● Für Gäste

Für 4 Personen:

1,5 kg weißer Spargel
Salz
1 Prise Zucker
250 g Löwenzahn- oder Frisée-Salat
1 Schalotte
2 EL geschälte Kürbiskerne
2 Scheiben Bauernbrot
4 EL Weißweinessig
schwarzer Pfeffer
3 EL Kürbiskernöl
1 EL Butterschmalz
200 g Tiroler Speck in dünnen Scheiben

Zubereitungszeit: 40 Min.

Pro Portion ca.: 530 kcal
25 g EW/37 g F/25 g KH

1 Den Spargel waschen, schälen und die Enden abschneiden. Spargelstangen längs halbieren. Wasser mit etwas Salz und Zucker zum Kochen bringen, den Spargel darin in 8-10 Min. bissfest garen.

2 Inzwischen Löwenzahn- oder Frisée-Salat waschen, abtropfen lassen und in mundgerechte Stücke schneiden oder zupfen. Die Schalotte schälen, fein würfeln, Kürbiskerne grob hacken. Das Brot ohne Rinde in kleine Würfel schneiden.

3 Essig mit Salz, Pfeffer und 4 EL Spargelkochsud verrühren, das Kernöl unterschlagen. Die Marinade abschmecken.

4 Spargel aus dem Sud heben und abtropfen lassen. Brotwürfel im heißen Butterschmalz rundherum knusprig braten. In einer zweiten Pfanne die Speckscheiben ohne Fettzugabe knusprig braten.

5 Spargelstangen mit Salat, Schalotte, Kürbiskernen und der Kernöl-Marinade mischen. Auf Tellern anrichten, Speckscheiben und Brotwürfel darüber verteilen.

Spargel-Risotto

● Raffiniert
● Vegetarisch

Für 4 Personen:

500 g grüner Spargel
Salz
1 Prise Zucker
2 EL Sahne
1 kleine Zwiebel
2 EL Butter
250 g Risottoreis (z. B. Arborio oder Carnaroli)
1/8 l trockener Weißwein
weißer Pfeffer
80 g frisch gehobelter Parmesan

Zubereitungszeit: 40 Min.

Pro Portion ca.: 390 kcal
15 g EW/10 g F/52 g KH

1 Den Spargel waschen, nur das untere Drittel schälen, holzige Enden entfernen. Spargel in einem Topf mit 3/4 l Wasser, Salz und Zucker offen in 8-12 Min. bissfest garen. Herausheben und abtropfen lassen.

2 Die Spargelspitzen etwa 3 cm lang abschneiden, beiseite stellen. Den Rest schräg in 1 cm lange Stücke schneiden. Davon ein Drittel mit der Sahne pürieren.

3 Zwiebel schälen, sehr fein würfeln und in 1 EL Butter andünsten. Den Reis dazugeben und glasig dünsten. Heißen Spargelsud und Wein mischen. Nach und nach unter Rühren zum Reis geben, immer erst nachgießen, wenn der Reis die Flüssigkeit aufgenommen hat. Den Reis insgesamt 20–25 Min. leicht brodelnd garen.

4 Kurz vor Ende der Garzeit Spargelstücke und -püree unterheben. Mit Salz und Pfeffer abschmecken. Übrige Butter und Parmesan untermischen. Mit Spargelspitzen garniert servieren.

Im Bild vorne: Lauwarmer Spargel mit Kernöl
Im Bild hinten: Spargel-Risotto

Gebratenes Spargel-Artischocken-Gemüse

● Raffiniert
● Kalorienarm

Für 4 Personen:

500 g weißer Spargel
500 g sehr junge, kleine Artischocken
2 EL Zitronensaft
4 EL Olivenöl
Salz · Pfeffer
3 Tomaten
2 EL Petersilienblättchen

Zubereitungszeit: 45 Min.

Pro Portion ca.: 140 kcal
5 g EW/10 g F/6 g KH

1 Den Spargel waschen, schälen und die Enden abschneiden. Die Stangen schräg in 5 cm lange Stücke schneiden. Von den Artischocken die Stielansätze abbrechen. Die äußeren harten Blätter entfernen, die übrigen Blattspitzen abschneiden. Die Artischocken längs vierteln und die Schnittstellen sofort mit Zitronensaft beträufeln.

2 Öl in einer großen Pfanne erhitzen, die Artischockenviertel darin 5 Min. unter gelegentlichem Rühren kräftig anbraten. Hitze reduzieren, die Spargelstücke dazugeben und beides 5 Min. braten. Salzen und pfeffern.

3 Tomaten überbrühen, häuten, halbieren und entkernen. Das Fruchtfleisch würfeln, dabei die Stielansätze entfernen. Tomaten zum Gemüse geben, alles zusammen weitere 5 Min. garen. Petersilie unterrühren. Das Gemüse mit Salz und Pfeffer abschmecken.

Dazu schmeckt gebratenes oder gegrilltes Rindersteak oder Schweinefilet.

Spargel-Lasagne

● Braucht etwas Zeit
● Vegetarisch

Für 4–6 Personen:

Für die Füllung:
je 500 g weißer und grüner Spargel
Salz
Für die Béchamel:
75 g Butter
90 g Mehl
375 ml Milch
Salz
weißer Pfeffer
Muskatnuss
1 TL abgeriebene Zitronenschale (unbehandelt)
3 EL Zitronensaft
Außerdem:
1 EL Butter zum Fetten der Form und zum Belegen
21 helle Lasagne-Blätter (ohne Vorkochen)
40 g frisch geriebener Bel Paese
40 g frisch geriebener Parmesan
einige Kräuterblättchen zum Garnieren

Zubereitungszeit: 1 Std.
Backzeit: 40 Min.

Bei 6 Personen pro Portion
ca.: 575 kcal
21 g EW/19 g F/80 g KH

1 Für die Füllung den Spargel waschen. Die weißen Spargelstangen vollständig schälen. Die grünen Spargelstangen nur im unteren Drittel schälen. Von beiden Sorten die holzigen Spargelenden abschneiden. Alle Stangen der Länge nach halbieren.

2 Weißen Spargel in kochendem Salzwasser 4–5 Min., grünen 2–3 Min. blanchieren. Aus dem Sud heben, abschrecken und gut abtropfen lassen. Vom Sud 400 ml abmessen.

3 Für die Sauce die Butter im Topf aufschäumen, das Mehl darin anschwitzen. Nach und nach unter ständigem Rühren Milch und Sud angießen. Die Sauce bei schwacher Hitze 10 Min. köcheln lassen.

4 Inzwischen den Backofen auf 200° vorheizen. Eine große rechteckige Auflaufform einfetten.

5 Die Sauce mit Salz, Pfeffer und Muskatnuss würzen. 150 ml abnehmen und die übrige Sauce zusätzlich mit Zitronenschale und -saft abschmecken.

6 Den Boden der Form zunächst mit etwas Zitronen-Béchamel bedecken, mit Lasagneblättern auslegen. Abwechselnd Spargel, Zitronen-Béchamel und Nudelblätter einschichten. Mit Nudelblättern abschließen.

7 Die übrige Béchamel
obenauf verteilen. Käse
mischen und darauf
streuen, mit Butter-
flöckchen belegen.
Die Lasagne im Ofen
(2. Schiene von unten;
Umluft 180°)
etwa 40 Min. backen,
bis sich eine schöne
goldbraune Kruste
gebildet hat. Mit Kräu-
tern bestreut servieren.

TIPP!

Damit die Portionsstücke
beim Servieren gut in
Form bleiben, sollten
Sie die Lasagne vor
dem Anschneiden noch
10–15 Min. ruhen lassen.

Im Bild oben:
Spargel-Lasagne
Im Bild unten: Gebratenes
Spargel-Artischocken-
Gemüse

Gefüllte Crêpes-Rollen

- Gut vorzubereiten
- Braucht etwas Zeit

Für 4 Personen:

Für die Crêpes:
100 g Mehl
1/4 TL Salz
300 ml Milch
3 Eier
3 EL zerlassene Butter
Für die Füllung:
2 EL Estragonblättchen
2 TL mittelscharfer Senf
200 g saure Sahne
Salz · weißer Pfeffer
je 300 g weißer und grüner Spargel
1 Prise Zucker
200 g Cocktailgarnelen (küchenfertig)

Zubereitungszeit:
1 Std. 10 Min.

Pro Portion ca.: 380 kcal
24 g EW/20 g F/27 g KH

1 Für den Crêpesteig Mehl, Salz und die Hälfte der Milch in einer Schüssel glatt rühren. Dann die Eier und zum Schluss die übrige Milch und 1 EL zerlassene Butter unterrühren. Den Teig zugedeckt bei Zimmertemperatur 30 Min. ruhen lassen.

2 Inzwischen für die Füllung die Estragonblätter fein hacken, mit dem Senf unter die saure Sahne rühren, mit Salz und Pfeffer abschmecken.

3 Den Spargel waschen, die Enden abschneiden. Vom grünen Spargel nur das untere Drittel, den weißen ganz schälen. Wasser, etwas Salz und Zucker aufkochen. Weißen Spargel darin in 10-20 Min. garen, den grünen 8-12 Min. mitgaren. Spargel aus dem Sud heben und abtropfen lassen.

4 Während der Spargel gart, den Backofen auf 60° vorheizen. Eine Pfanne mit wenig zerlassener Butter auspinseln und erhitzen. Den Pfannenboden dünn mit Teig bedecken, Crêpe auf jeder Seite goldgelb backen. Auf diese Weise noch 11 Crêpes zubereiten. Fertige Crêpes zugedeckt im Backofen (Umluft niedrigste Stufe) warm stellen.

5 Crêpes mit Estragonsahne bestreichen. Warmen Spargel und die Cocktailgarnelen darauf verteilen. Crêpes zusammenrollen und sofort servieren.

Stangenspargel mit Rotbarbenfilets

- Für Gäste
- Kalorienarm

Für 4 Personen:

1 kg weißer Spargel
Salz
1 Prise Zucker
2 kleine Tomaten
3 Zweige Basilikum
1 EL Kapern
1 EL Sherry-Essig
4 EL kaltgepresstes Olivenöl
schwarzer Pfeffer
8 Rotbarbenfilets (oder andere kleine Fischfilets)
2 cl Anisschnaps (z. B. Ouzo) nach Belieben

Zubereitungszeit: 50 Min.

Pro Portion ca.: 275 kcal
28 g EW/13 g F/8 g KH

1 Den Spargel waschen, schälen und die Enden abschneiden. Wasser mit etwas Salz und Zucker zum Kochen bringen. Spargel darin in 10-20 Min. garen.

2 Währenddessen die Tomaten überbrühen, häuten, halbieren und entkernen. Das Fruchtfleisch würfeln, dabei die Stielansätze entfernen. Basilikum waschen, trockenschütteln und die Blätter streifig schneiden. Die Kapern fein hacken. Tomaten, Basilikum und Kapern mit Essig, 3 EL Öl und 3 EL Spargelkochwasser verrühren, mit Salz und Pfeffer abschmecken.

3 Rotbarbenfilets trockentupfen. Übriges Öl in einer Pfanne erhitzen. Die Filets darin in 3-4 Min. von beiden Seiten braten. Salzen und pfeffern. Mit Anisschnaps ablöschen.

4 Abgetropften Spargel mit der Tomatenmarinade mischen und mit den Rotbarbenfilets auf vorgewärmten Tellern anrichten.

Im Bild vorne: Stangenspargel mit Rotbarbenfilets
Im Bild hinten:
Gefüllte Crêpes-Rollen

Spargelspitzen in Morchelrahm

● Für Gäste
● Gut vorzubereiten

Für 4 Personen:

1,5 kg Spargelspitzen
200 g frische Morcheln
2 Schalotten
2 EL Butter
150 ml Geflügelfond (aus dem Glas)
200 g Sahne
Salz
schwarzer Pfeffer
1 Msp. frisch geriebene Muskatnuss
2-3 TL Zitronensaft
1/2 Bund Schnittlauch

Zubereitungszeit: 45 Min.

Pro Portion ca.: 290 kcal
9 g EW/21 g F/18 g KH

1 Die Spargelspitzen waschen, schälen und die Enden gerade abschneiden. Morcheln sorgfältig unter fließendem Wasser waschen, trockentupfen und die Stiele abschneiden. Schalotten schälen, würfeln.

2 Schalotten und Morchelstiele in 1 EL heißer Butter anbraten. Mit Geflügelfond und Sahne ablöschen, mit Salz, Pfeffer und Muskat würzen und alles offen bei starker Hitze zu einer sämigen Sauce einkochen lassen.

3 Inzwischen die Spargelspitzen in kochendem Salzwasser in 10-15 Min. bissfest garen.

4 Übrige Butter in einer Pfanne erhitzen und die Morcheln darin 2-3 Min. anbraten.

5 Die Sauce durch ein Sieb in einen Topf gießen, die angebratenen Morcheln zufügen und bei schwacher Hitze 3 Min. köcheln lassen. Morchelrahm mit Salz, Pfeffer und Zitronensaft abschmecken.

6 Schnittlauch waschen, trockenschütteln und in 3 cm lange Stücke schneiden. Gut abgetropfte Spargelspitzen unter den Morchelrahm mischen, anrichten und mit Schnittlauch garnieren.

Dazu schmecken Kalbssteaks und kleine Pellkartoffeln.

TIPP!

Statt frischer Morcheln etwa 20 g getrocknete verwenden. Diese vorher 1-2 Stunden einweichen.

Bündner Spargel-Nudeln

● Gelingt leicht
● Preiswert

Für 4 Personen:

500 g grüner Spargel
Salz
300 g breite Bandnudeln
2 TL Butter
4 TL Mehl
300 ml fettarme Milch
2 EL Buttermilch-Frischkäse
1 TL abgeriebene, unbehandelte Zitronenschale
weißer Pfeffer
Muskatnuss
125 g Bündner Fleisch in hauchdünnen Scheiben

Zubereitungszeit: 40 Min.

Pro Portion ca.: 440 kcal
23 g EW/14 g F/61 g KH

1 Den Spargel waschen, nur das untere Drittel schälen. Spargelstangen längs halbieren und schräg in 4 cm große Stücke schneiden. In sprudelnd kochendem Salzwasser ohne Deckel in 5-7 Min. bissfest garen. Aus dem Wasser heben, kalt abschrecken und gut abtropfen lassen.

2 Die Bandnudeln ins sprudelnd kochende Spargelkochwasser geben und darin nach Packungsanweisung bissfest garen. In ein Sieb abgießen und abtropfen lassen.

3 In einem breiten Topf die Butter aufschäumen lassen, das Mehl einrühren und kurz anschwitzen. Unter Rühren nach und nach die Milch zugießen und 5 Min. köcheln lassen. Den Frischkäse hinzufügen und glatt rühren. Die Sauce mit Zitronenschale, Salz, frisch gemahlenem Pfeffer und frisch geriebener Muskatnuss kräftig würzen.

4 Das Bündner Fleisch in Stücke zupfen. Die Nudeln und den Spargel unter die Sauce heben und heiß werden lassen. Zum Schluss das Bündner Fleisch locker unterheben, in tiefen Tellern anrichten.

Im Bild vorne:
Bündner Spargel-Nudeln
Im Bild hinten: Spargelspitzen in Morchelrahm

Tortilla mit grünem Spargel

- Preiswert
- Vegetarisch

Für 4 Personen:

300 g fest kochende Kartoffeln
3 Frühlingszwiebeln
500 g grüner Spargel
4 EL Öl
Salz
schwarzer Pfeffer
4 Eier
100 ml Gemüsebrühe

Zubereitungszeit: 50 Min.

Pro Portion ca.: 230 kcal
11 g EW/15 g F/13 g KH

1 Die Kartoffeln waschen, schälen und in 2 mm dünne Scheiben hobeln. Mit Küchenpapier trockentupfen. Die Frühlingszwiebeln waschen, putzen und schräg in 3 cm lange Stücke schneiden.

2 Spargel waschen, nur im unteren Drittel schälen und die Enden abschneiden. Spargelspitzen 4 cm lang abschneiden, die Stangen schräg in 3 cm lange Stücke schneiden.

3 In einer beschichteten Pfanne (20-22 cm Durchmesser) das Öl erhitzen. Kartoffeln, Spargel und Frühlingszwiebeln darin 5 Min. braten. Die Hitze reduzieren und das Gemüse noch 5 Min. weiterbraten. Leicht salzen und pfeffern. Einige schöne Spargelspitzen aus der Pfanne nehmen und beiseite stellen.

4 Die Eier mit der Brühe verquirlen, mit Salz und Pfeffer kräftig würzen. Eiermilch über das Gemüse gießen. Spargelspitzen obenauf legen. Tortilla halb zugedeckt bei schwacher Hitze 15-20 Min. garen, bis die Eiermilch gestockt ist und die Kartoffeln weich sind.

5 Die Tortilla auf eine vorgewärmte Platte gleiten lassen und wie eine Torte in Stücke schneiden.

Dazu schmeckt ein gemischter Blattsalat mit Essig-Öl-Vinaigrette.

Glasierter Spargel mit Shiitake-Pilzen

- Kalorienarm
- Vegetarisch

Für 4 Personen:

750 g weißer Spargel
200 g Shiitake-Pilze (ersatzweise Egerlinge)
3 EL Öl
2 TL Zucker
100 ml Gemüsebrühe
4 EL helle Sojasauce
1 TL Sesamöl
schwarzer Pfeffer
Salz
50 g beliebige Sprossen (z. B. Alfalfasprossen)
2 Zweige Pfefferminze

Zubereitungszeit: 45 Min.

Pro Portion ca.: 120 kcal
5 g EW/8 g F/7 g KH

1 Den Spargel waschen, schälen und die Enden abschneiden. Die Stangen schräg in 5 cm lange Stücke schneiden. Pilze putzen, je nach Größe halbieren oder vierteln.

2 In einem Wok oder in einer hochwandigen Pfanne 1 EL Öl erhitzen. Die Pilze darin unter Rühren 4 Min. braten. Herausnehmen und beiseite stellen.

3 Spargel im übrigen Öl 3 Min. braten. Mit Zucker bestreuen und noch kurz weiterbraten. Nach und nach Brühe und Sojasauce dazugeben. Spargel in der Flüssigkeit in 10-15 Min. gerade gar werden lassen. Pilze und Sesamöl untermischen, mit Pfeffer und eventuell etwas Salz würzen.

4 Sprossen abspülen und abtropfen lassen. Pfefferminze waschen, trockenschütteln und die Blätter abzupfen. Beides unter den Spargel mischen.

Dazu schmeckt am besten Basmati- oder thailändischer Duftreis.

**Im Bild vorne: Glasierter Spargel mit Shiitake-Pilzen
Im Bild hinten: Tortilla mit grünem Spargel**

Impressum

Redaktion: Stefanie Poziombka
Layout, Typographie und Umschlaggestaltung:
Heinz Kraxenberger
Satz und Herstellung: Verlagssatz Lingner
Produktion: Maike Harmeier
Fotos: Odette Teubner, Studio Teubner;
außer S. 41: Stockfood Eising
Reproduktion: Repro Schmidt
Druck und Bindung: Kaufmann, Lahr
ISBN 3-7742-1752-1

Auflage	5.	4.	
Jahr	05	04	03

Marlisa Szwillus
Aus der Liebe zum Kochen und der Freude am Essen wurde Berufung. Die Diplom-Oecotrophologin leitete mehrere Jange lang das Kochresort der größten deutschen Food-Zeitschrift. Sie arbeitet seit 1993 freiberuflich als Fachjournalistin und Buchautorin in München. Sie ist Mitglied des Food-Editors-Clubs Deutschland und verknüpft als Expertin in ihren aktuellen Themen stets die gesunde Ernährung mit dem kulinarischen Genuss.

Odette Teubner
wuchs bereits zwischen Kameras, Scheinwerfern und Versuchsküche auf. Ausgebildet wurde sie durch ihren Vater, dem bekannten Food-Fotografen Christian Teubner. Nach einem kurzen Ausflug in die Modefotografie kehrte sie in die Foodbranche zurück und hat seitdem das seltene Glück, Beruf und Hobby zu vereinen.

Das Original mit Garantie

Ihre Meinung ist uns wichtig. Deshalb möchten wir Ihre Kritik, gerne aber auch Ihr Lob erfahren. Um als führender Ratgeberverlag für Sie noch besser zu werden. Darum: Schreiben Sie uns! Wir freuen uns auf Ihre Post und wünschen Ihnen viel Spaß mit Ihrem GU-Ratgeber.

Unsere Garantie: Sollte ein GU-Ratgeber einmal einen Fehler enthalten, schicken Sie uns das Buch mit einem kleinen Hinweis und der Quittung innerhalb von sechs Monaten nach dem Kauf zurück. Wir tauschen Ihnen den GU-Ratgeber gegen einen anderen zum gleichen oder ähnlichen Thema um.

Ihr Gräfe und Unzer Verlag
Redaktion Kochen
Postfach 86 03 25
81630 München
Fax: 089 / 4 19 81 - 103
e-mail:
leserservice@graefe-und-unzer.de

GASHERD-TEMPERATUREN

Die Temperaturstufen bei Gasherden variieren von Hersteller zu Hersteller. Welche Stufe Ihres Herdes der jeweils angegebenen Temperatur entspricht, entnehmen Sie bitte der Gebrauchsanweisung.

ABKÜRZUNGEN

TL = Teelöffel
EL = Esslöffel
Msp. = Messerspitze

kcal = Kilokalorien
EW = Eiweiß
F = Fett
KH = Kohlenhydrate